U0070265

生肖守護者

大日如來

五明・編著

大日如來遍照光明
守護肖猴者人氣亨通、名利雙收！

諸事如意圓滿
壽比南山身安康
家庭吉祥和樂
智慧增長廣大無量

序

很多人手上帶著佛珠、每天拿著香拜拜，到各個寺廟祈求神佛，希望神佛守護保佑，祈求神佛幫助自己增加財富、智慧、健康、好運等種種的心願，然而神佛那麼多，到底要向哪尊祈請才好呢？真是令人難以抉擇！

從今天起，你將知道自己的御守護佛菩薩是哪一尊，雖然你還是每天拜拜禮佛，但是你拜起來就是會和以前不大一樣，因為你知道自己的守護佛菩薩，拜起來特別有親切感，也特別感受到佛菩薩的加持守護。

生肖猴的人其御守護是大日如來，大日如來以光明遍照的智慧與慈悲，攝持救護著我

們，守護猴年出生者遠離一切煩惱。

從我們知道自己的御守護佛菩薩的這一刻開始，生命就有了依怙，也許，生命的轉機就從此開始。

從此我們每天可以跟自己的御守護——大日如來祈請、談心，超越以前只是單向向神佛拜拜的關係，直接與大日如來溝通、直接領受佛菩薩的加持。同時想跟大日如來祈請時，也不再一定要到廟堂拜拜才行，祈求的方法隨時都可運用，讓自己時時都在大日如來的守護下，開創自己新的生命價值。

這本書，不但能讓我們了解，大日如來的樣貌、功德與最秘密的心要方法，還告訴我們如何祈請，才能取得御守護佛菩薩的秘密專線，讓我們的所有願求，能快速、直捷的傳達到大日如來的心裡，使我們能擁有２４小時隨時隨地護念著我們的大日如來。

將這本書帶在身邊，當你需要救護時，就隨時翻閱，照著書中的步驟，向大日如來祈請。

大日如來的慈悲與智慧是沒有差別的，隨順我們每個人的不同緣起，會有特別的相應與護佑。

因此，我們如果能夠隨順大日如來的心，和他的慈悲與智慧相應，迎請大日如來隨時都住在我們的心中，我們也念念都安住在大日如來慈悲智慧的心海中，必然會得到大日如來最快捷與不可思議的加持、護佑。

在未來的日子中，我們在大日如來的守護下，生命將無限延展昇華，走向美好光明的境地。

祈願有求必應的大日如來，守護一切生命

吉祥、善願速疾圓滿。

南無　大日如來

目錄

第7章 認識自己

尋找自己的御守護

滿天神佛有事該向誰祈求？

在我們短暫卻又漫長的一生中，無可避免地會經歷生、老、病、死，以及快樂、悲傷、苦惱等等情境，當我們在面對人生種種的困境與層層的煩惱時，該如何是好？尤其有些生命的不安與恐懼，是連親如父母、夫妻、子女，或是朋友、親眷也無法替我們分憂承擔的，這時我們能向誰尋求庇護與依靠呢？

很自然地，向佛菩薩祈求護佑，是個既不欠人情，又隨call隨到的好方法。因為，佛菩薩慈悲遍滿，又不求回報，且無所不在，只

要我們虔心祈求，不論何時、何地、何境，都能給我們最即時的撫慰與救助，無疑是最好的靠山。

只是，佛菩薩有那麼多尊：釋迦牟尼佛、藥師佛、阿彌陀佛、大日如來、觀音菩薩、文殊菩薩、普賢菩薩等等，無量無邊的佛菩薩，我們到底該向誰祈請呢？該向哪尊佛菩薩求助最有效呢？

肖猴者的御守護佛菩薩

在日本，有一種流傳久遠的，相應於不同生肖，特別守護的佛菩薩，依於我們生肖的不同，每個人都會有一尊特別與我們相應、特別會秘密守護我們的御守護佛菩薩。

「御守護」一詞源自於日本，原是日本人用來祈福的幸運物、平安符。

日本各大寺廟神社更為了因應祈福者不同的苦惱與需求，發展出許多不同功能的御守護，諸如平安御守護、學業御守護、感情御守護、健康御守護……等等，由於製作精巧，廣受喜愛，不論自用或是送禮都十分適宜。

而中文的御守護又更加有意思，在日文「御」是敬辭，在中文，舉凡和天子、帝王沾上邊的，往往都會加上「御」字，像是御用、御花園、御林軍等等。因此，御守護，除了原來祈福、保平安的意義之外，更成了帝王級最尊貴的守護了。

所以，如果我們平常沒有特別相應的佛菩薩，不妨照著日本這個生肖守護佛菩薩系統，讓御守護佛菩薩成為我們個人特別秘密的守護佛菩薩。

生肖猴的人，其御守護佛菩薩即是大日如

來，我們每日向他虔心祈請，他會給我們特別、有力的護念與庇祐，這是我們人生旅程中，最強而有力的靠山與守護者。

關於生肖猴的人

知道大日如來為自己的御守護佛菩薩，彷彿生命中有了依靠，頓時安心不少，大日如來會守護加持我們；接著就要反觀自己，要如何讓大日如來加持幫助自己。所以，我們要透過了知自己的個性，來祈請大日如來加持我們超越自己的缺失增長自己的優點。

每個人都有自己的特色與長處，而每個生肖基本上有其性格上的共通點，我們藉由了解這些性格上的共通點，為自己做一些努力來超越自身性格的的限制，讓好的一面能夠更好，有缺失的部分能夠補足與與超越。

但是不論我們是何種類型的人，佛菩薩都

會守護我們，因為佛菩薩有他自己的誓願，佛菩薩就像母親守護小孩一樣，永遠守護我們不會離我們遠去。

個性往往決定我們的命運，因此我們最好從日常生活中觀察自己的行為、自己平常做事的態度與習慣，透過了解自身的缺失與不足，並超越自身的缺點，透過積極的自我增長，使我們與佛菩薩之間產生更好的互動關係與連結。

性質特質

・聰明靈巧、機智過人

猴年生的人，有特立獨行的特性，個性多活潑、好動、伶俐、聰明靈巧且才智高。腦筋轉動快、機智過人，精明幹練，問題解決能力佳，自我顯示欲強。有極強的自我表現欲，非常適合演藝和推銷工作。喜愛追求新鮮事務，創新有才氣，能言善道。

好競爭而有強烈的進取心；又有俠義的心腸，多為他人的事，放棄自己的事務。

社交手腕高明善解人意，能見機行事，很快與人打成一片。

・適應力強，有領導能力

身體健壯、精力充沛。對環境變化有很強的適應能力，生性頑強不服輸，領導能力強，且擁有多方面的才能。生肖猴者生性自信自滿，不喜歡別人的支配，總是信心滿滿朝向確定的目標前進。

求知欲很強，博覽群書，記憶力驚人，頭腦靈活很有創造力，常表現達觀機智勇敢。善

反應快、很機伶
聰明伶利
能言善道
有強烈的進取心
表現欲強
高明的社交手腕

、缺乏耐心
心重
虛榮
、好投機

於把握機會擴大發展，造成時勢。

生肖猴者在個性上必須稍微注意自己有時會愛說大話，會忽略必需遵守的社會全體規範，有點不腳踏實地。生性愛玩，缺乏毅力，由於喜新厭舊的個性，不管做任何事情都無法持續太久，沒有耐心。眼光短視沒有遠大的胸襟，有今朝有酒今朝醉的毛病。

雖然生肖屬猴者總是自信滿滿，但事實上往往依賴心很重，好誇張和愛慕虛榮，狡滑偽善，不忠實狂妄自大，過份樂觀，自負心強，喜投機。

為了達成目的喜愛說謊騙人，儘管才智出眾、八面玲瓏，卻不能以德服人，是典型的機會主義者。有自以為是、急就章的毛病，所以常導致錯誤失敗。

因此生肖屬猴的我們，不論說話、做事一定要誠實、踏實，否則容易導致一場糊塗。

旺旺小檔案

◆ **吉祥方位：北、西北、及西方。**

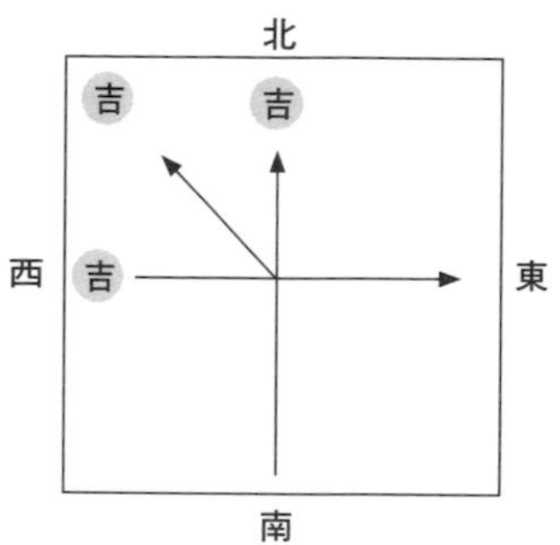

♣ **旺旺色：黃色**

可以多穿戴黃色飾品、服裝，讓自己好運旺旺來。

♠ **富於智慧的顏色：黑色**

多穿戴黑色的衣物、飾品，讓自己增添智慧的色彩。

☆ **富於財富的顏色：綠色**

多穿戴綠色的衣服、飾品，可為自己招來財運。

生肖猴的名人

 **蔡　邕** 132-192 東漢文學家、書法家。	**司馬睿** 276-322 即晉元帝。	 **武則天** 624-705 中國歷史上唯一的女皇帝。
 **韓　愈** 768-824 名列唐宋八大家之首的文學家、思想家。	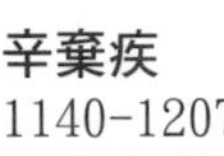 **辛棄疾** 1140-1207 一生主張抗金的大詞人。	 **程顥** 1032-1085 宋代理學家。

 **秦良玉** 1584-1648 明代文武兼備的女將軍。	 **陳子龍** 1608-1647 明朝工詞能詩的文學家。	 **袁　枚** 1716-1798 以隨園老人名傳後世的博學才子。
 **左宗棠** 1812-1885 清朝人，曾率軍平定太平天國。	 **拜　倫** 1788-1824 英國詩人。	 **狄更斯** 1812-1870 英國小說家。

第2章 認識自己的御守護

誰是大日如來

在中國，我們常聽到的盧舍那佛或毘盧遮那佛，即是大日如來，大日如來也是密教之主。

大日如來是生肖猴者的御守護，所以我們想要祈請大日如來的親切守護，首先要了解大日如來是怎樣一位佛陀。

看名字就知道大日如來與太陽有關。大日如來的名字具有三種意義：

・去除黑暗遍照光明的意義：

這是針對我們生活的空間而言，有白天與黑夜的分別，白天有光明而黑夜昏暗；但是如

我的生肖御守護是
大日如來耶！

來的智慧光明不是如此，它能夠遍照一切處，作廣大的照明，所以完全沒有白天、夜晚與內、外的分別。

・一切事務都能成辦的意義：

太陽在宇宙中轉動，一切的草木、生物都能藉之各得以成長茁壯，而世間的各種事務也因此而得以成辦；以此為喻，彰顯出如來的光明遍滿照耀整個法界，能夠開啟眾生的善根，一切世間、出世間的事業都能由此而成就完辦。

・光明無生滅的意義：

當我們看不見太陽時，是因為太陽被烏雲遮蔽了，或是轉向地球的另一端，而不是太陽不存在了；而且太陽也不是我們看見時才出

生。而佛心之日也是如此，雖然被無明煩惱的烏雲所遮障，但是對於佛心之日卻沒有減損，而當我們安住於究竟實相的圓明無際時，也無所增加。

因為「日」具有這三種意義，所以世間的太陽仍然不足以形容佛陀的光明，只是取其少分相似，再加上「大」，因此稱為「摩訶毘盧遮那」或「大日如來」。

密宗奉大日如來為密教之主，大日如來無時不以顯赫的智慧光明照耀著我們，所以當我們至誠祈請大日如來守護我們時，必能得到慈悲的護佑加持，照破我們心中的無明黑闇煩惱，消融一切災難障礙，捨棄自己的貪心、慳吝心，而使我們的身體、語言、心意三業清淨無染，能夠如同大日尊一般，通身光明通透遍照，圓滿無上正等正覺的果位境界。

因為密教奉大日如來為真言密乘的教主，所以他是最根本被崇敬的對象，因此，猴年出生者有如此尊貴的大日如來做為我們的御守護，就有如一座強大不可移動的靠山。

大日如來的名號

大日如來漢譯的名號有毘盧遮那、盧舍那、遍一切處、光明遍照等名號，他的梵名為Vairocana或是Mahā Vairocana，西藏名為Rnam-par-snaṅ-mdsad。

我們由大日如來的梵語名號來看，梵語Vairocana是在由「輝」或「照」意義的語根ruc轉化而來的，rocana之前加上vai（vi的變化）字，就意味著「附屬於太陽者」或「太陽之子」等。所以被翻譯為遍照或光明遍照，可以說是依這個意義而來的。

我的御守護
——大日如來
是密教之主

又virocana是在rocana前面加上「vi」之語，是「有光輝者」的意思，即意味著太陽或太陽神。又「rocana」是光輝、光照的意思，可能是省略virocana或vairocana的前接詞，來作為同義者。總而言之，此語與「太陽」有關是不爭的事實。

大日如來還有一個異名是「光明遍照」，這名號很清楚地張顯出大日如來的特德，就是以如來智慧的光明遍照一切處，開啟我們本自足具的佛性與善根，成辦世間、出世間的事業成就。

關於大日如來的別名，在很多經典都有記載，如：佛菩薩眼如來、諸佛菩薩母、諸佛菩薩最上廣博清淨藏、無量無邊究竟如來、廣博身如來等。

認識大日如來

大日如來是肖猴者的御守護佛菩薩，我們透過大日如來（毘盧遮那佛）的過去生因緣，來更加了解大日如來。

由於大日如來遍於法界，是諸佛總集，他的神通威力不可思議，因此，在經典中記載著大日如來在過去長遠時劫以來，隨著眾生不同的因緣，不斷化現成不同的如來來度化眾生、教導菩薩的事蹟。

我們就透過這段記載來體會大日如來廣大不可思議的救度方便。

・過去生之一

昆盧遮那佛過去生曾經是一切功德山須彌勝雲佛，經典中記載著這段因緣故事。

在遠古時，也就是在超過世界微塵數一倍以上的長遠時劫以前，有個時劫名為種種莊嚴時劫，在這時劫中，有一個世界海稱為普門淨光明世界海。

在這一個世界海當中，有一個世界名為勝音世界。

勝音世界是依止在摩尼華網海上，並有須彌山微塵數的世界為從屬。

勝音世界非常的光明莊嚴，其建築物、宮殿樓閣就如同須彌山莊嚴，這世界中的居民，他們的服裝與飲食，不像我們娑婆世界，須要辛勤耕作、勞務才能獲取，他們只要心中想到

的東西，就會自然出生顯現。

這世界中的林園，處處盛開著珍貴芬芳的白蓮花，無數的香摩尼蓮花織成的花網則垂布在四圍周遭。美妙悅耳的樂音與光明晃耀的香雲，多到無法計算。更有百萬億那由他數量的城池，周匝圍繞著樹林。在這些城中，各種不同類型的眾生，都可以隨著自己的心性在其中生活。

城中的居民們，都有神足通，能夠像天神一樣，自在地乘空飛行往來；他們的心中只要想著要去哪裡，便能隨著心想而到達那個地方。

在這勝音世界的最初時劫中，有十個須彌山微塵數的佛陀出興於世。

而這個世界中，許多國王由於親眼目覩佛陀出世的吉祥瑞相，而得以成熟善根。他們的心中都很想親自見到佛陀，因而都不約而同地來到了道場之中。

這時，一切功德山須彌勝雲佛，忽然現身在道場中的大蓮花中。他的妙身遍滿，等同真實的法界，在一切的佛剎示現出生，而一切的道場也都能前往拜謁。他的無邊莊嚴妙色，具足清淨；一切的世間，沒有能映奪他的光明；他具足了眾寶妙相，每一妙相都是清晰分明。

這時，佛陀從其眉間放射出廣大光明。

如果有眾生應該可以被調伏的，經過這光明的照耀，就能即刻自行開悟，消除一切迷惑或熱惱，碎裂一切迷蓋疑網，摧毀一切障礙的大山，清淨一切染垢污濁；並同時發起廣大的信心與體解，而生起勝善的善根。

這些眾生會永遠離棄一切的障礙與恐怖，袪除一切身心的苦惱；生起見佛的心，趣向一切智慧。

這時，一切世間之主與眾天神們，以及他們無量無邊的從屬，由於蒙受佛陀光明的開示而覺悟，全部都共同來到佛陀的道場，五體投地向佛陀致上最深忱的禮敬。

這時，大威光太子見到佛陀之後，基於過去生所修行的善根力緣故，當下就證得了十種法門。

這時，大威光太子獲得了以上的妙法光明之後，承受著佛陀威神力的加持，普遍觀察大眾，宣說偈頌。

當大威光太子宣說完偈頌，由於有著佛陀威神力的加持，微妙的聲音傳遍於勝音世界之中。這時，喜見善慧王聽聞了這則偈頌，心中立時生起了大歡喜，觀察一切眷屬大眾，也宣說了偈頌。

這時，以大王的廣大神力，大眾乘空前往

道場，而所有的供養器具，也遍滿在虛空之中。他們到達佛陀的道場後，五體投地頂禮佛足，安坐在一邊。有如上百萬億那由他的大城之中的諸王們，以及他們的眷屬，都共同前往朝禮一切功德須彌勝雲如來的道場。他們到了道場之後，五體投地頂禮佛足，安坐在一旁。

這時，一切功德須彌勝雲如來為了要調伏這些眾生，就在大眾集會的道場海當中，宣說法要。宣說這部經典時，有世界微塵數的經典為其從屬，隨應眾生的心，都令他們獲得利益。

這時，大威光菩薩聽聞這些法要之後，獲得了一切功德須彌勝雲佛宿世所修集的一切法海光明。

大威光菩薩在得到以上的無量智慧光明之後，承受著佛陀威神力的加持，宣說偈頌。

原來《華嚴經》中
的大日如來，就是
釋迦牟尼佛。

這時大威光菩薩因為親見一切功德山須彌勝雲佛，並且承事供養的緣故，心中得到了悟。

以上就是大日如來的過去生——一切功德山須彌勝雲佛，教化大威光太子及其父王、眷屬的殊勝因緣。

・過去生之二

接著是毘盧遮那佛的過去生，也曾經是波羅蜜善眼莊嚴佛，在當時，也度化了無數與他因緣相應的眾生。

在過去久遠時劫裡，一個大莊嚴劫當中，有恆河沙數的小劫*，當時人類的壽命只不過是二小劫，而這位一切功德須彌勝雲佛的壽命

—— 解說

・劫　印度的時間單位，為長遠的時間。

為五十億劫。

當一切功德須彌雲佛滅度之後，有另外一位佛陀出世，名為：波羅蜜善眼莊嚴王如來。波羅蜜善眼莊嚴王如來也是在摩尼華枝輪大林當中成就正覺而成為佛陀。

這時，大威光童子見到波羅蜜善眼莊嚴王如來成就了正等正覺之後示現神通之力，即時得證了念佛三昧。

大威光童子由於佛陀威神力的加持，在宣說偈頌時，他的聲音完全沒有任何障礙，一切世界都能夠聽聞得到，無量眾生也同時出發起了菩提心。

這時，大威光王子與他的父母，以及所有的從屬，更有無量百千億那由他數的眾生，在宛如雲彩遍覆虛空的寶蓋之下，前後圍繞，共同來拜謁波羅蜜善眼莊嚴王如來的道場。佛陀也為他們宣說法界體性清淨莊嚴修多羅，伴隨著這部經典的，則有世界海微塵數的經典為其從屬。

這時，大眾聽聞了這部經典之後，就證得了清淨的智慧。

・過去生之三

再來是毘盧遮那佛的過去生為最勝功德海佛時的因緣。

當波羅蜜善眼莊嚴王如來進入涅槃之後，喜見善慧王也接著去世了，大威光童子繼承了轉輪聖王位。

這時，在摩尼華枝輪的大林當中，第三位如來又出現於世間，這位如來名為：最勝功德海佛。此時，大威光轉輪聖王見到了最勝功德海如來成佛之相，就立刻和所有的眷屬及隨從

大眾，和城邑聚落裡的所有人民，持著七寶*，一起前往佛陀的道場。他們以一切香摩尼莊嚴的大樓閣供養佛陀。

這時，最勝功德海如來在樹林之中宣說菩薩普眼光明行修多羅，這部經典有世界海微塵數量的經典做為從屬。

這時，大威光菩薩聽聞這個法之後，證得了三昧禪定，名為：大福德普光明三昧。由於證得這個三昧的緣故，能夠了知一切菩薩、一切眾生於三世中的福海與非福海。

過去生之四

昆盧遮那佛的過去曾為名稱普聞蓮華眼幢

—— 解說 ——

・七寶　為七種珍寶，分別是金、銀、琉璃、玻璃、硨磲、赤珠、瑪瑙等（七寶各經所說或有差異）。

佛的因緣。

當時，在這片摩尼華枝輪大林之中，接著又有一位佛陀出世，這位佛陀的名號為：名稱普聞蓮華眼幢佛。

當時，大威光菩薩於此命終，再出生於須彌山上的寂靜寶宮的天城中，成為大天王，名為：離垢福德幢天王。此時他與諸天眾一齊來到佛陀的道場，從天上雨下寶華雲來供養佛陀。

這時，名稱普聞蓮華眼幢佛為離垢福德幢天王，演說廣大方便普門遍照修多羅，這部經典有世界海微塵數量般眾多的修多羅做為從屬經典。

當時，天王及大眾聽聞了這部經典之後，證得了禪定三昧，名為：普門歡喜藏三昧。以這個三昧的威力，能進入於一切法的實相之

海。他們獲得了此一利益之後，離開道場，回到原來的住處。

由以上大日如來不同示現的因緣，我們可以知道，大日如來的慈悲與方便，只要我們一心虔信，不管生在何處，大日如來都會以與我們相應的樣貌，生生世世沒有間斷的護念我們、教導我們，讓我們跳出煩惱、生死的困局，成就究竟圓滿的生命！

因此我們要時時憶念，虔敬仰信，並學習如來的慈悲與智慧，讓自己也能像如來一樣光明、圓滿。

大日如來的住處

依密教的觀點而言，密嚴淨土是法身*大

—— 解說 ——

・法身　指如來的自性真身。

日如來的淨土，由於密嚴淨土是以如來藏無垢意識（第九識）為體，而第九識轉成法界體性智，於五方佛中相當於大日如來，所以密嚴淨土就被視為大日如來的住處。

・密嚴淨土

密嚴淨土又稱為密嚴國或密嚴佛國，是毘盧遮那佛所得果地圓滿，遠離一切過患，具足智慧神通所示現的淨土。

密嚴淨土在《密嚴經》中是胎藏界和金剛界二界的大日如來所依止之處，這其實是我們眾生本具的如來藏識，與修道之後所成證的法界體性智相應現前的淨土境界。

東密的淨土主要是密嚴淨土，而在藏密的系統主要也是密嚴淨土，但是由於藏密淨土到後期時產生了許多變化，而攝入了無上瑜伽部

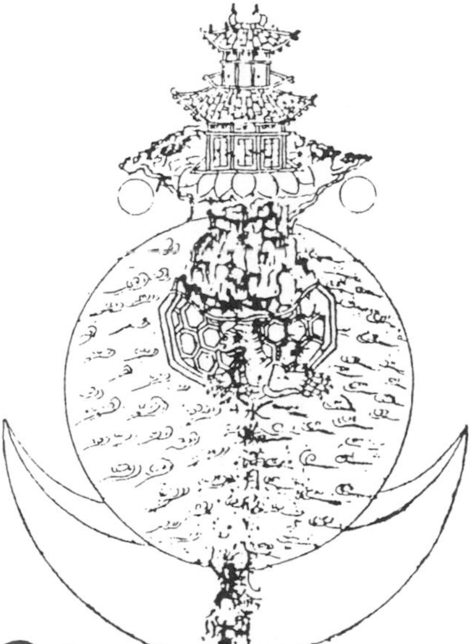

大日如來的
密嚴淨土

的許多本尊壇城。但是仍以密嚴淨土為最主要的，再把十方的淨土收攝在他的國土中，而變成了有密嚴淨土、十方淨土、諸天修羅宮等等佛土。

對這些佛土除了以密嚴淨土為主之外，諸佛之外的一切護法空行、一切金剛持等等也就是大日如來的等流身，所以一切的佛土無非是大日如來等流所示現的佛土。

・金、胎兩界曼荼羅

密嚴淨土的具體展現，其實就是密教的壇城，這些壇城最主要是以金剛界與胎藏界所構成的壇城。

首先，我們認識什麼是「壇城」。壇城即曼荼羅，梵語maṇḍala，西藏語dkyil-ḥkhor。又作曼陀羅，又由於梵語maṇḍala是精製牛乳

胎藏界曼荼羅

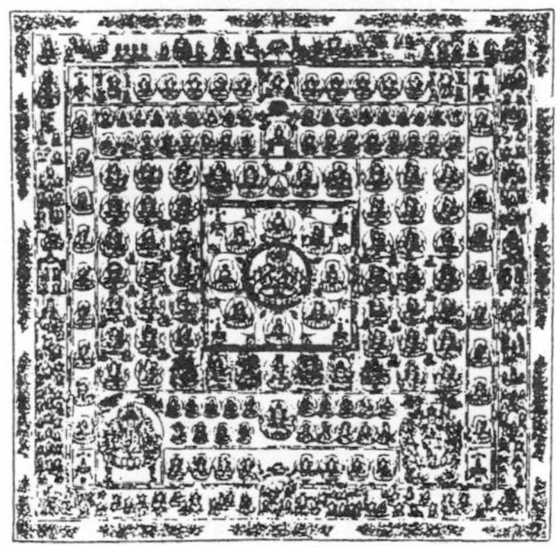

金剛界曼荼羅

為醍醐的意思，所以曼荼羅表徵佛果的純淨融妙，有極無比味、無上味的意思。而後世密教則認為，曼荼羅主要是聚集的意思，也就是諸佛、菩薩、聖者所居處的地方。意譯為壇、壇場、輪圓具足、聚集。

起源於印度修密法時，為防止魔眾侵入，而劃圓形或方形的區域，或建立土壇，有時亦於其上畫佛菩薩像，法事完畢即將之摧毀；所以一般以區劃圓形或方形的地域，都稱為曼荼羅，認為區域內充滿諸佛與菩薩，所以亦稱為聚集、輪圓具足。

曼荼羅可分為四種曼荼羅，分別是：大曼荼羅、三昧耶曼荼羅、法曼荼羅、羯磨曼荼羅。

大曼荼羅是宇宙萬相的具體象徵；三昧耶曼荼羅是將一切萬相的特殊性，具體表現的象

大曼荼羅

三昧耶曼荼羅

法曼荼羅

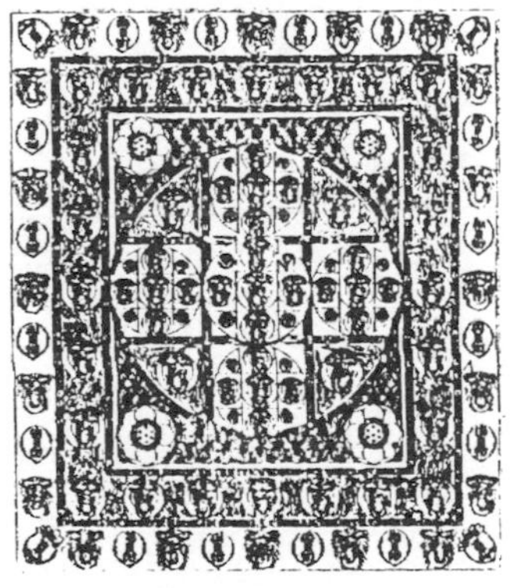

羯磨曼荼羅

四種曼荼羅

徵形象；法曼荼羅是如來語言、文字象徵極致化的具體表現作用。羯摩曼荼羅表示宇宙的一切事物的活動作用。

所以，曼荼羅所顯示的一切現象諸法都是法身，都是大日如來的圓滿相好的種種相的形象化。

大日如來的相貌

一般我們常見的大日如來，身色潔白如清淨的月輪一般，頂戴五佛寶冠，髮垂飾，身上穿著輕妙的白衣，瓔珞、臂釧、腕釧等裝飾物莊嚴其身，光背*為日輪，以光明照耀遍滿一切世界。

密教有以大日如來為中心的諸尊配置圖，共有胎藏界與金剛界二種。而金、胎兩界的大日如來形象各不相同，金剛界大日如來身呈白色，手結智拳印*，頭戴五佛寶冠，結跏趺坐

—— 解說 ——

・光背　是佛教美術用語，指雕像的舉身光，光背的形狀有舟形或蓮瓣形。

・智拳印　以大拇指置於無名指下方，手輕握拳即是智拳印。

大日如來

於七獅子座（或坐於寶蓮華座）。

胎藏界大日如來身呈黃金色，身著白繒，手結法界定印，頭戴五佛寶冠，安坐於中央的寶蓮華座。

金、胎兩界大日如來的形象比較

	胎藏界	金剛界
身色	白色	黃金色
手印	法界定印	智拳印
頭戴	五佛寶冠	五佛寶冠
座	寶蓮華座	寶蓮花座或 七獅子座

胎藏界大日如來代表理，是大日如來的理法身；而金剛界大日如來表智，是大日如來的智法身。

胎藏界意指如來大悲出生的胎藏，表示成佛的根源，宛如成佛的母胎一般，所以是因位。

金剛界就精神的意義而言，就是摧壞眾生煩惱，把煩惱降伏的智慧，以「金剛」來表示其堅固不壞，是為果位。

在密教中有五方佛的說法，五方佛即中央大日如來（毘盧遮那佛）、東方阿閦佛、南方寶生佛、西方阿彌陀佛、北方不空成就佛。分別象徵五智：法界體性智、大圓鏡智、平等性智、妙觀察智、成所作智，所以這五方佛又稱為五智如來。

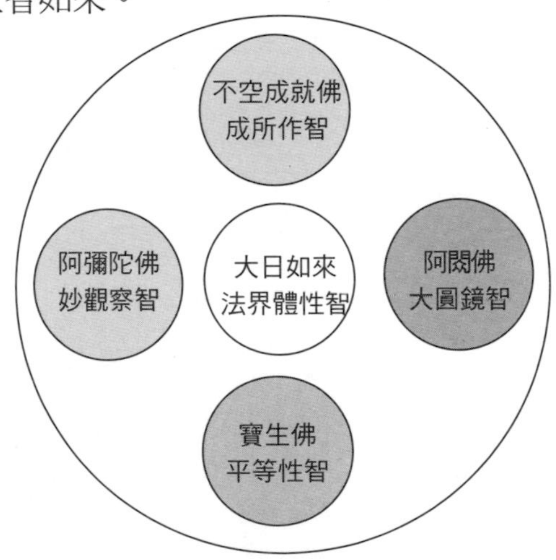

・頭戴五佛寶冠
・寶蓮華座

・身黃金色
・穿著白繒
・手結法界定印

胎藏界大日如來

在中國我們也可以見到大日如來的尊像，在洛陽龍門的石壁，鑿刻有高八十五尺的盧舍那佛，這盧舍那佛是大日如來的別稱，據說此尊盧舍那佛是依據武則天的相貌所建造的。

另外中國比較著名的有：廬山乾明寺，安置有張僧繇（南北朝代南梁人）所畫的盧舍那佛像；在五台山瑞相殿北方的十三重大佛殿中，安置有盧舍那佛像；在杭州淨慈寺主殿供奉著非常莊嚴的盧舍那佛像等，都是中國著名的盧舍那佛像。

而在日本，由於空海大師*在日本將密教廣大弘揚，所以日本的大日如來像的供奉是更普遍於中國。

很有名的是東大寺的盧舍那佛，東大寺還

解說

・空海大師是日本真言密教的開山祖師。

・頭戴五佛寶冠

・七獅子座或寶蓮華座

・身白色

・手結智拳印

金剛界大日如來

洛陽龍門的盧舍那佛

杭州淨慈寺的盧舍那佛

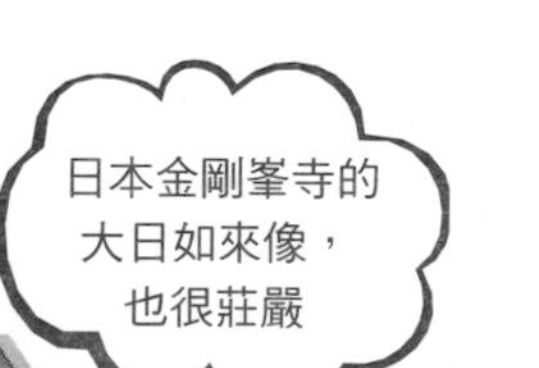

日本金剛峯寺的
大日如來像，
也很莊嚴

有安置一尊身上有十法界大日如來像，唐招提寺的金堂安置有背光刻有千佛的大日如來像等。

大日如來的咒語與手印

真言本身，一般只是音譯持誦而已，因為在如是的因緣中唱誦如是的咒語，除了義理外也蘊含了身心的特殊作用，所以我們模擬其音聲是有原因的。

所以咒語愈接近原來的音聲愈理想，若在唱誦咒音時能感受到大日如來的願力及悲心，那麼真言的力量當然就更強。當我們口誦咒語時，可以配合手印，以咒語與大日如來的語言相應，以手印與大日如來的身體相應。

手印，又稱為印契，現在常常是指密教修

法時，修行者雙手手指所結的各種姿勢。

大日如來的手印，象徵著他的特殊願力與因緣，所以當我們與他們結相同的手印時，會產生特殊身體的力量和意念的力量，這是相應於大日如來身的身心狀況。

在密教中，手印屬於佛菩薩身體、語言、心意三密中的身密。

廣泛的身密不是只有手印而已，任何的體姿都是屬於身密的範圍。

我們平時看到佛菩薩本尊等的圖像、塑像，多是以他們身上的持物或手印來判定其尊名。

其實，不論是阿彌陀佛、釋迦牟尼佛、大日如來或藥師佛，在他們住世的過程中所結的手印也有彼此相同的。所以，用手印及持物來判斷尊名，也不是絕對的分辨方法。假若單一

的來看各個佛像，從手印還是可以了知其特別的願力、因緣及特別的悟境，乃至其成道、說法時的特別狀況。

智拳印

這是金剛界大日如來的手印。以雙手各作金剛拳，金剛拳是指大拇指放在無明指下方，輕握拳。
左手食指直豎，以右手的小指纏握住左手食指的第一節，而左手食指端支拄著右拇指的第一節。

【真言】

唵　嚩日囉馱都　鑁

oṃ　vajra-dhātu　vaṃ

法界定印

這是胎藏界大日如來的手印。左手掌心向上，右手同左手一般，重疊於左手之上，兩拇指指端相拄。

【真言】

唵　阿　鑁　嚂　唅　佉

oṁ　a　vi　ra　hūṁ　khaṃ

金剛界自在印

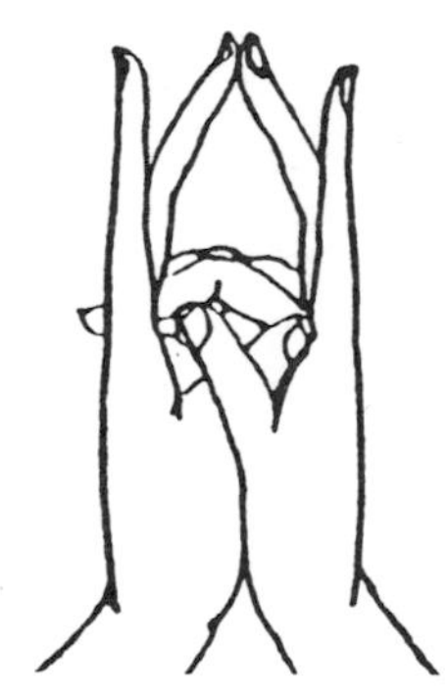

這是金剛界大日如來於三昧耶會的手印，金剛外縛，豎二中指相拄上節屈如劍形，二食指伸付二中指背。

【真言】

縛日囉惹拏喃　阿

vajra-jñāna　āḥ

以「阿、鑁、囕、哈、佉」象徵大日如來內證的殊勝特德，並依次配以地、水、火、風、空五大。這五個字的分別意義是：以「阿」表降伏四魔，淨除一切苦之義；「鑁」表無縛三昧，即六趣解脫之義；「覽」表眼根、耳根、鼻根、舌根、身根、意根等六根清淨之義；「唅」表如來的三解脫之義；「佉」表大空之義。密教視這個咒語為諸佛的通咒。

大日如來的種子字

種子字所代表的意義是：我們可經由種子字來了解諸佛的智慧；「種子」有可以出生花果的意義；因此種子字表徵一切法的根源，具足法爾本來的性德，所以密教的本尊多以種子字來作為表徵。

而大日如來的種子字是：（vaṃ）或（āḥ）或（a）

大日如來的三昧耶形

密教中以三昧耶形表示諸佛菩薩或諸尊的本誓，而三昧耶曼荼羅則是以各種形象來表達諸尊的本誓。

大日如來的三昧耶形有很多種，金剛界大日如來的三昧耶形為佛塔；胎藏界大日如來的三昧耶形為五輪塔。

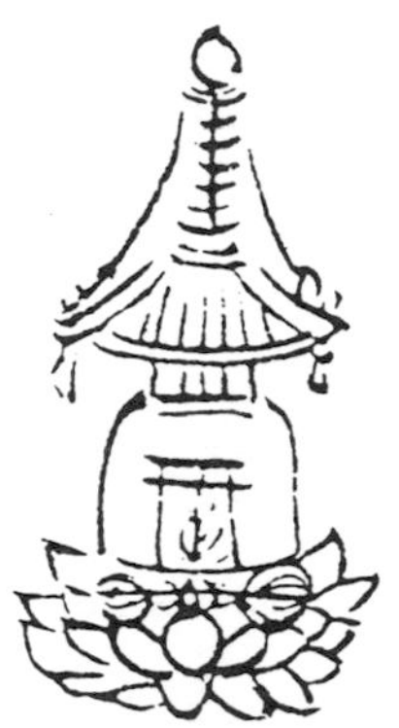

佛塔是金剛界
大日如來的三昧耶形

五輪塔是胎藏界
大日如來的三昧耶形

大日如來的眷屬

大日如來有無量菩薩與世界主作為他的眷屬，最有名的是普賢菩薩、文殊菩薩與賢首菩薩。所以一般將毘盧遮那佛、普賢菩薩、文殊菩薩三眷稱為「華嚴三聖」；但是在《華嚴經》中將毘盧遮那佛同於釋迦牟尼佛，所以「華嚴三聖」也可以指釋迦牟尼佛、普賢菩薩和文殊菩薩。

我們受大日如來的親切守護，當然無量的菩薩們與世界主也都會同時來守護我們，尤其是代表廣大願行的普賢菩薩與智慧深廣的文殊菩薩。

有大日如來的守護就很安心了，再加上文殊、普賢菩薩的守護，真是棒呆了！

第3章 祈請守護

怎樣拜最靈

我們要如何祈請大日如來的守護呢？

如果我們在家中有供奉大日如來的尊像，我們可以每天早上奉茶、上香拜拜，這是我們常見的。拜拜時，可以告訴大日如來我們的請求，祈請大日如來守護幫忙。如果家中有佛堂，又正好供奉大日如來，那就剛好可以好好供奉。

最簡單的拜拜方式是：晨起梳洗完畢，給大日如來供上三杯新泡的茶（開水也可），焚點上好的香（如沉香），然後禮拜三次（三問訊和三叩拜）。

我們可以利用上香的時間，與大日如來溝

1. 梳洗乾淨

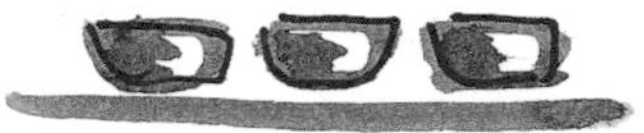

2. 供上三杯茶

3. 上好香

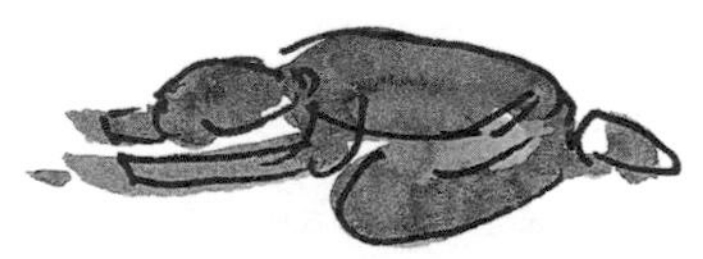

4. 禮拜三次

通。

上香前，請先清淨身體，最基本的一定先將手洗乾淨。

然後上香供佛。

供香的姿勢可站姿或是跪姿，默聲說出想要像向大日如來說的話，然後再將香放置於香爐。

接著跪拜頂禮*大日如來，拜完三拜，起身問訊，即完成簡單的拜拜儀式。

我們頂禮大日如來時，先雙手合掌，然後屈膝下跪，躬身下跪時順勢將右手置於前方地

—— 解說 ——

・頂禮的由來原是印度人最高禮敬的方式，以兩膝兩肘及頭著地，以頭頂敬禮，雙手承接所禮者的雙足。所代表的意義是以身體最高的部位——頭頂，來碰觸所禮敬者最低卑的雙腳，象徵最高的禮敬。

上以支撐身體，接著放下左手，右手前進一步，讓雙手平齊放在地上，再以頭觸地，然後雙手翻掌，想像正承接大日如來的雙足。

起身時，手掌向上的雙手，翻掌為向下，撐著地面，右手先收回，將身體支撐起來，再緩緩起身直立，就完成一個頂禮。

如果心中有所祈求，可以繼續跪著，心中默想祈求的事，可嘴巴默念或心中想，告訴大日如來讓他明瞭，他會收到我們的訊息。

如果環境不許可，可以用問訊的方法來禮敬，問訊的方法是：雙手先合十敬禮，合十的雙手跟著往下順勢做問訊的手印，即：左手的後三指往內屈指、右手的後三指覆於其上，二食指豎直指尖相接，二大拇指也豎直相接。再將手印舉至額前禮敬，然後將手印收自心輪散印。

這問訊的方式也是印度人向師長尊上合掌鞠躬，請問生活起居安泰的禮儀。

所以進寺廟，也可以用問訊禮敬。

如何祈請大日如來

祈請大日如來解決問題

祈請時你可以先跟大日如來自我介紹說：我是某某，幾年幾月出生。然後說出自己的問題、煩惱，請求大慈大悲的大日如來，慈悲自己幫忙解決煩惱的問題。

如果心情不好，或是有心事煩惱、解不開的問題，也可以在此時傾訴給大日如來聽，大日如來就像自己最親近的長輩，一定會慈悲的注視著我們，傾聽我們的訴說。

如果沒有事情需要幫忙解決，也可以告訴大日如來自己的志向與生命願景，像是想要在自己的專業上成為一位頂尖優秀的人才，成為一位好的管理者好的爸爸、媽媽、好的兒子、女兒……等等。也可以期許自己能夠像大日如來一樣，充滿智慧與慈悲地，完成很多的理想事業。然後想像大日如來已經答應自己的請求。

如果知道自己的個性上的不足，也可以告訴大日如來，希望自己的個性有所超越與改進。例如自己的個性很粗暴易怒，就跟大日如來祈請說：我希望能改變自己粗暴易怒的個性，學習像大日如來一樣的慈悲柔軟，希望大日如來滿足我的心願。然後想像大日如來微笑的應允自己的祈願。

如果自己做事慢吞吞，可以祈願大日如來，加持我們有迅捷的行動，讓我們有限的生命時光中，迅速完成很多的事情，希望大日如

我是小秀，1980年出生，
希望能在專業上成為最頂尖
的人，希望大日如來能加持
我，完成目標。
哇！大日如來
答應我了吔！

來滿足自己的心願。然後想像大日如來很高興的答應自己的請求。

凡是積極向上的心願，我們都可以祈請大日如來的慈悲守護。

・完成滿願的祈請動作

當我們說完時，很重要的一件事，就是要想大日如來很高興的答應我們的請求。不要只是說說就算了，這個動作一定要完成，就能真正受到大日如來的加持守護。

天天祈請大日如來

如果我們每天可以練習大日如來的法門，祈請大日如來的守護，那麼我們便會受到大日如來的光明遍照，加持與護佑，深陷無明煩惱深淵的我們，使我們遠離黑暗無明，並且開啟

我們本來具足的智慧光明與善根，使我們世間與出世間的事業都能夠成就，也能成就如同大日如來尊一般的圓滿光明。

關於修習的時間，最好是選擇一個固定時間，可以在每天清晨醒來，盥洗之後，或是選擇任何其他合宜的時間，然後在一個比較安靜的地方，讓我們以清淨的身心，來祈請大日如來的相應、守護。

祈請的步驟如下：

1. 我們在莊嚴的大日如來（毘盧遮那佛）法相前，雙手合掌，恭敬禮拜大日如來。

2. 然後，清楚地觀察思惟大日如來（毘盧遮那佛）的慈悲、智慧及其種種殊勝的功德事業，再將其莊嚴圓滿的身相及偉大功德，全部都明晰地烙印於我們自心當中。

3. 接著，想像從大日如來的心中，放射出無盡無量的光明，如大日遍照、彩虹般無實的光明，溫暖注照著我們，我們身心一切的障礙、煩惱、疑惑、無知、無明都完全在大日如來慈悲、智慧的光明之中消融了。頓時，我們的身體、語言、心意都清淨了，光明的慈悲、智慧與福德都自然地不斷的增長。我們就安住在無盡的光明遍照之中。

4.接著，我們可以合掌或是結大日如來的手印：智拳印、法界定印，稱念「南無大日如來」或是「南無大智海毘盧遮那佛」、或是誦持大日如來真言至少一百零八遍以上，愈多愈好。

5.持咒圓滿要散印時，可從頂上散印，或將手印收到心輪即可。

平時在心中亦可默念誦持佛號，只要我們誠心一意，大日如來的加持佑護功德不可思議。

6. 修法圓滿再將修法的功德迴向，先做大的祈求再漸次到個人，例如，可以祈求一切法界現成廣大圓滿。迴向功德於大日如來，由於大日尊的佛力廣大加持，這也是自身加持自身，那麼法界有情現成全佛圓滿，一切都成為大日如來。

迴向眾生皆能圓滿成佛，迴向修證功德悉皆圓滿，迴向國家……，最後再迴向於自己的祈願。

依《大日經》所說，大日如來又化現成普賢菩薩、執金剛菩薩、蓮華手菩薩等三位菩薩，普於十方世界宣說真言妙法，廣度一切眾生。普賢菩薩主掌息除災害、執金剛菩薩主掌降伏、蓮華手菩薩掌增益，三者各有其特殊的救度方便。此三尊化身菩薩的作用，象徵著大日如來不可思議的無量功德。

頭頂散印

散印收回心輪

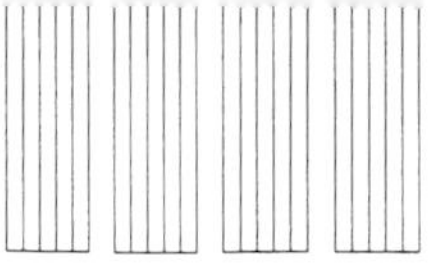

廣告回信
台灣北區郵政管理局登記證
北台字第8490號

台北郵政第26～341號信箱

普月文化有限公司

地址：

請寫郵遞區號……

市 縣

鄉鎮 市區

路(街) 段 巷 弄 號 樓

姓名：

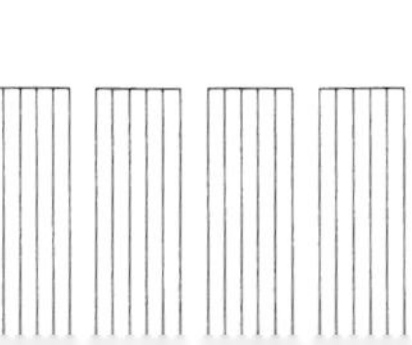

普月文化有限公司
讀者回函卡

請將此回函卡寄回，我們將不定期地寄給您最新的出版資訊與活動。

購買書名：＿＿＿＿＿＿＿＿＿＿

購買書店：＿＿＿＿＿＿＿＿＿＿

姓　　名：＿＿＿＿＿＿＿＿　性　　別：□男　□女

住　　址：＿＿＿＿＿＿＿＿＿＿

E-mail：

連絡電話：(O)＿＿＿＿＿＿＿＿　(H)＿＿＿＿＿＿＿＿

出生年月日：＿＿＿＿年＿＿＿＿月＿＿＿＿日

學　　歷：1.□高中及高中以下　2.□專科　3.□大學　4.□研究所及以上

職　　業：1.□高中生　2.□大學生　3.□資訊業　4.□工　5.□商
6.□服務業　7.□軍警公教　8.□自由業及專業　9.□其他＿＿
職務：＿＿＿＿修持法門：＿＿＿＿依止道場：＿＿＿＿

本書吸引您主要的原因：
1.□題材　2.□封面設計　3.□書名　4.□文字內容　5.□圖表
6.□作者　7.□出版社　8.□其他＿＿＿＿＿＿

本書的內容或設計您最滿意的是：

＿＿＿＿＿＿＿＿＿＿＿＿＿＿＿＿＿＿

對我們的建議：

＿＿＿＿＿＿＿＿＿＿＿＿＿＿＿＿＿＿

因此，在大日如來的守護下，只要我們虔心祈願修法，於消災、降伏、增益等各方面的願求，都能獲得不可思議的加持力量。

召請大日如來的守護

咒語的召請

與大日如來連線溝通的方式，最直接的就是誦念呼喚大日如來的暗號，也就是大日如來的名號或是咒語。

就像是我們要找某人時，就打電話給他，這暗號就像是電話號碼，只要我們誦念大日如來的咒語，大日如來就會聽到我們的呼喚祈請。

而我們呼喚大日如來一定要出自內心真誠的祈請，因此，我們平常就要常常誦念大日如來的咒語或名號，保持良好的互動關係，當我

們需要大日如來的守護幫忙，才能產生良好的效果。

養成誦念咒語的習慣

所以我們要養成誦念大日如來真言的習慣，剛開始，可以先規定自己從五分鐘開始誦念，然後十分鐘……想到時就誦念大日如來的真言，慢慢增加誦念的時間，每天在心中默念真言的次數越多越好，永遠不會嫌多。

在忙碌的生活中，如果沒辦法抽出一段固定的時間專心念誦咒語，也可以利用一些零碎的時間，如等車、坐車、排隊、洗衣服等時間，久而久之，平時想到就誦念咒語，甚至可以念到隨時隨地心中都在誦念大日如來的咒語。

上班時如果遇到老闆責難自己時，我們心

中也可以默念著大日如來的真言，心中想著老闆是大日如來，他正在教授著我們，這時你會發現自己的心境改變了，彷彿老闆的責罵聲都變成了大日如來的咒聲，非常的奇妙。這方法對任何人都適用，會讓我們的人際關係越來越好。同時大日如來的守護也會顯得越來越緊密，自己與大日如來的溝通管道非常的暢通。

‧念咒的計數器具

大日如來的咒語或名號我們平常可以在心中默念，但是如果有計數器或是念珠來計數，是可以使念咒的數量比較明確，一方面激勵、提醒自己，一方面可知道自己與虛空藏菩薩作了多少溝通，有時心情比較紛亂時，手持念珠或計數器也可幫助自己收攝飄浮雜亂的心思。

一般的計數器或是念佛器，念一遍咒按一

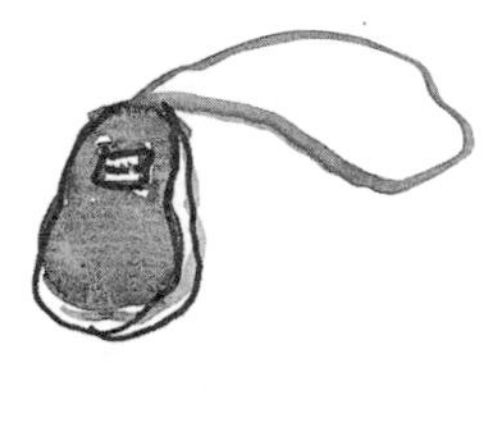

計數器

念珠

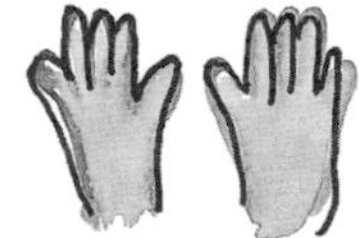

十個手指頭

下計數器，可以很清楚了知自己的累計數量；如果有戴手珠或念珠的習慣，也可以用珠子來計數。

如果不喜歡或不方便隨身戴這些東西，就以手指頭來計數。我們有十個手指頭，每個指頭都有指節，我們每持一遍咒語、名號就以大拇指依次按一個指節來計數，這也是很好很方便的方法。

供奉大日如來的地方

通常我們對佛菩薩都存有一種敬畏的心情，在無形之中與佛菩薩也形成一種距離，其實這是不需要的。

為了拉近我們與大日如來的距離，希望大日如來能念念不離地加持守護我們，最好的方法就是迎請大日如來與我們同住。因此，如果環境許可，我們可以在家中或工作場所，佈置一個適合大日如來居處的地方。當我們準備好一個適合居住的空間，大日如來一定很樂意到來的。

居家

家中如果有設置佛堂的空間，可以安置大日如來的塑像或圖像，每天恭敬供養。如果沒有獨立的空間或不方便，則可方便安置在書桌上，空出一個屬於個人小小的禮佛空間，簡單明淨即可。

有些講法認為臥房中不可安置佛像，但如果家中實在沒有足夠的空間，或是住在套房中，那也只好安置在房間，畢竟只要心懷虔敬，有一個可以禮拜大日如來地方，還是比較重要的。

最簡便的是用一個精美的像框安裝一張自己喜愛的大日如來法相，每天上香、供水即可。如果是一個單獨禮佛的空間，則盡自己所能來莊嚴佈置。

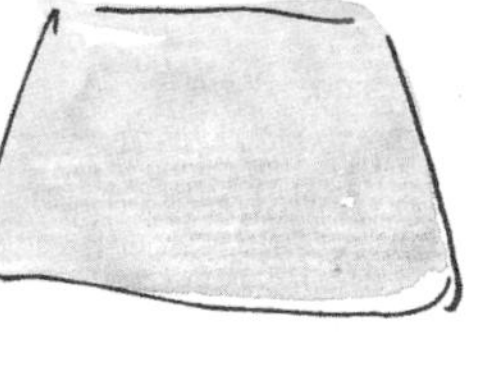

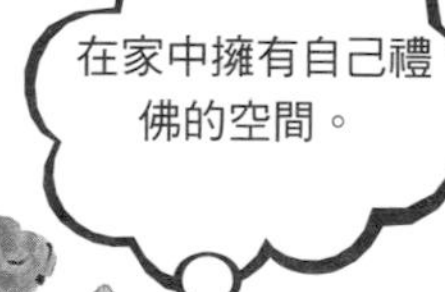
在家中擁有自己禮
佛的空間。

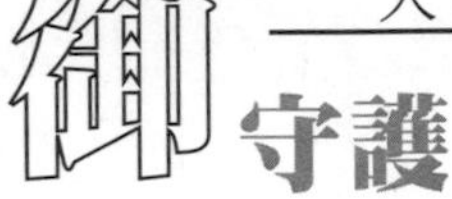

辦公室

我們一天最重要時光都在工作場所度過，如果大日如來也可以守護工作中的我們，那就真是太好了。當然，要請大日如來守護自己，首先我們自己要記得向大日如來祈請，因為總是大日如來憶念我們多，而我們憶念大日如來少。因此，我們可以在辦公室桌上放一張大日如來的尊像，隨時提醒我們不要忘記大日如來。

當我們工作壓力太大時，或是遇到重大、危急事件不知如何處理時，看到大日如來的法相，也會提醒我們，大日如來正在守護著我們、從來沒有離開過我們。

這時，我們的緊繃心情就開始放鬆了，壓力就開始減輕了，看事情也變得比較明晰，自然而然，就讓我們更加容易將問題解決。

辦公室也可以
擁有小佛堂
耶！

所以，如果有個人專屬的辦公室，方便的話可安置一個小佛堂，或是在自己的辦公桌上放置佛像。如果辦公室不方便上香，則上下班合掌禮敬即可，有時可以供一小盆花，不但可以供養大日如來，亦可增加工作的氣氛。

讓自己的心成為大日如來的家

我們也可以隨身攜帶大日如來的尊像，遇到困難與問題時，即隨時祈請大日如來的守護。當然，最不會忘記攜帶的，就是請大日如來住在我們的心中，心中想著慈悲的大日如來，讓自己的心成為大日如來的家。

也因為我們要請大日如來住在我們的心中，所以我們會自然的漸漸淨化我們的心，慢慢的我們也有所改變，這不就得到大日如來最好、最保障的守護嗎？

讓自己的心成為
大日如來的家，
最方便了！

第4章 有求必應的守護秘法

遠離執著的秘法

如果覺得煩惱很重，對很多事物的執著很深無法自拔，練習以下由大日如來（毘盧遮那佛）所流出的方法，可以讓我們遠離煩惱與執著，讓煩惱就像雲彩飄過，不留痕跡。

而且這個方法是大日如來的修持法中最根本必備的方法。這方法簡單的說，就是觀照我們的心就像十五日的滿月一般清淨明亮——月輪觀。

月輪觀的意義

在經典中描寫出月輪的十種德性，如果我們的心如同月輪一般，那我們也具足了這十種

美好的德性。

一、圓滿：如同月的圓滿一般，我們的自心也是圓滿無缺。二、潔白：如同月的潔白一般，我們的自心也是潔白無染。三、清淨：如同月的清淨一般，我們的自性也是清淨無垢。

四、清涼：如同月的清涼一般，我們的自心也是遠離熱惱的。五、明照：如同月的明照一般，我們的自心也是朗明光照。六、獨尊：如同月的獨一，我們的自心也是獨一。

七、中道：如同處於月中，我們的自心也遠離「有」與「無」的雙邊對待。八、速疾：如同月的不遲緩一般，代表我們自心的疾速。九、迴轉：如同月的迴轉，自心也是無所窮盡。十、普現：如同月的普遍示現，自心也是周遍寂靜。

所以，月輪代表著空性與清淨的法性，也

就是代表我們清淨的自心。

依止大日如來

如果我們練習這個方法時，能夠念念相續不斷無間地觀照，從我們自己本具的大日如來佛性中，顯現出真實智慧，就得以遠離煩惱、體悟如同圓滿月輪的菩提心。能夠照見自己的心湛然清淨，猶如滿月的光明遍於虛空法界，而無所分別。

這方法可以說是毘盧遮那如來（大日如來）的清淨自性中所流出的三昧觀法，所以我們首先依止大智海毘盧遮那佛（大日如來）。又，一切法界密行的賢聖眾，也都是依循這方法的修持而獲得成就；所以我們也依此（佛、法、僧）三寶來皈依禮敬。

我們雙手合掌皈命於大日如來，在我們現

今的因緣時節，釋迦牟尼佛可以說是大日如來的化現，他們二者的體性都等同沒有差別。所以，我們也等同皈命釋迦牟尼佛。

練習方法

剛開始練習時，如果沒辦法在心中直接觀想，則可先繪畫尺寸大約三十～四十五公分大小的月輪，月輪中有八葉白色蓮華（或於蓮華上繪畫月輪），月輪上書寫一個金色的 𑖀 阿字。

我們可以面對著圖軸，雙盤而坐，雙手結定印，觀想我們的自心就像月輪一般。

我們雙腿盤腿而坐，接著調柔我們的身體、呼吸與心念，讓我們的身體、呼吸、心念三者都專注在圓明妙月的體性當中。

當我們身體、呼吸、心念調柔、調順之

後，我們可以觀想在鼻頭上有一輪明月，專注在這明月上，這妙月是由一點一點很晶亮光明的金剛鍊光所流露聚合的。

當我們吸氣時，將一點一點光明晶亮通透的光明由鼻吸入我們身體中所有的脈道，到達我們的指尖、腳尖，到達一切毛孔，一切細胞，全身的每一個部分都充滿、滋潤、潤澤。

吐氣時，氣息普遍融入宇宙之中，每一個呼吸都是如此，將這宇宙晶亮的光明全部吸入，這也是一個非常好的呼吸調練方法！

然後，我們的身體如獅子王般依自性安住，將我們的身體、呼吸、心自然地調柔安住於妙樂明空當中。

當我們做好以上的練習，我們現前就安住在清淨的自性當中。

身體、呼吸、心念調和好，就開始進入主

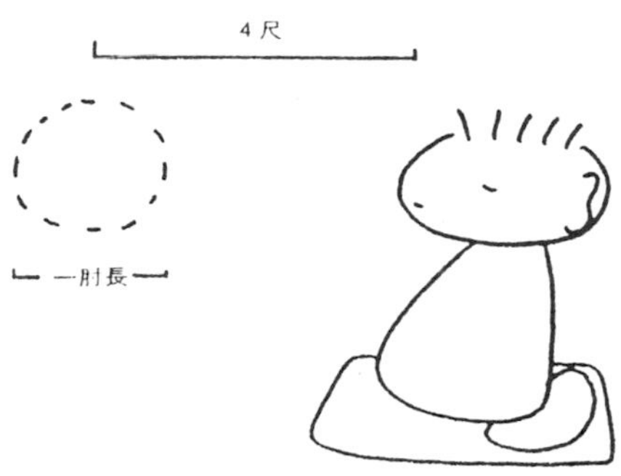

1. 將我們的身體、呼吸與心念調和

2. 眼前四尺處現起朗然清淨的月輪

3. 我們的心與月輪完全一如，自然顯現自清淨

4. 開眼、閉眼都是月輪，心中感到極為欣悅

要部分的練習。

如同大圓鏡智的朗然淨月，在我們眼前四尺的地方現起，不可思議清淨明亮的明月，就在我們眼前現起。

我們毫不疲厭地觀察月輪的輪圓妙相，我們發現月輪如同赤露明空般完全現前，我們的心就與這一切明澈光明相應，它不是虛也不是實，而是自生自顯。

當我們觀照月輪時，注意心念不要太緊張、用力，但讓我們的心學習像月輪一樣，自然顯現清淨。

在這樣的觀照練習中，如果月輪上現起了薄霧，代表我們的障礙出現了。這薄霧相表示我們心中生起了煩惱，所以明月上有薄霧現起。

我們現觀圓明的滿月而寂然安住，我們繼

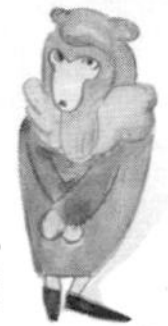

續地觀照，就這樣無間相續不斷地觀照，一直練習到我們開眼、閉眼都極為欣悅地看到月輪。

練習至當我們眼睛暫捨不看時，心月就自然現起了。心與月無二無別，月既不是心，月也不離於心。就在這個時刻，忽然了悟：月即是我們清淨的自心，自心清淨後，月才清淨，否則月會現起薄霧。

所以，除了心月輪之外，都沒有其他的雜念，如果達到這個境界，就開始入於月輪三昧了。

我們不只是在月輪之外沒有其他心念而已，而且我們的心念自體就是完整圓滿的月輪。請注意，這不是觀想另外一個月輪來觀察，而是月輪之外沒有其他的心念，心念自體全部都是圓滿的月輪。

此時我們的自心契於法性，就像無間的流水相續無住，相會於心月明朗的究竟光明當中，而無生的月輪便赤裸顯現了。

當我們觀照到這種境界時，月輪是自己生起自己顯現，我們就安住於這境界中。

心量廣大與精微的秘法

以下將介紹的這個練習可以將我們狹小的心量擴大，讓心量變得更加弘廣；再加上心量精微的方法，可以讓我們的心更為細密精微。

藉由這個方法的練習，可以讓我們的心收放自如，讓我們的心的廣大與精微都更加增長。

月輪的廣觀與斂觀

接著我們練習月輪的廣大觀想與微小觀想。

1. 廣觀

現前清涼的清淨月輪自然生起、微妙的顯現，慢慢觀想越變越大。由一尺、二尺、三尺、四尺大、到一丈、二丈大，到像建築物一樣大，一個城市大，繼續倍增更加廣大，就如同摩尼寶珠顯現在虛空中一般。

這樣的感覺就如同在闇黑的虛空中，現起一輪如同晶瑩摩尼寶珠的清淨明月，在我們的眼前不斷的漸次廣大，遍滿一丈大、一家大、一城大，清楚分明。

初時可先練習讓月輪顯現清楚，開目、閉目都在面前，然後再練習月輪漸次廣大，一尺、二尺、三尺、四尺、一丈、二丈、一個城市、國家、所居處的洲、地球、太陽系、三千大千世界、無量的三千大千世界、遍滿宇宙法

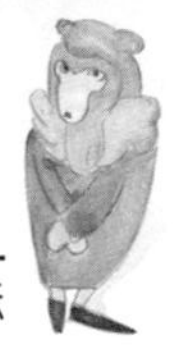

界，到最後沒有方圓。就安住在妙然本然寂靜沒有內、外分別的境界當中。

同時在此了悟到一切方圓都是無生無住的，遍周法界的體性觀察，如意宛轉現起本然的法性。

當我們如此觀察之後，心力感覺很疲累，我們便隨緣自然，不加心力觀照也不散亂，練習純熟後，自然成就三昧。

以上就是月輪廣觀的練習。

2. 歛觀

然後次第月輪斂觀的修法。廣觀月輪遍滿法界之後再收攝→如三千大千世界大→地球大→再收至亞洲一樣大→再收攝如同所居住的城市一樣大，收攝如大樓大，收攝如房子大→再收攝如一丈大，八尺→四尺→三尺→二尺到面

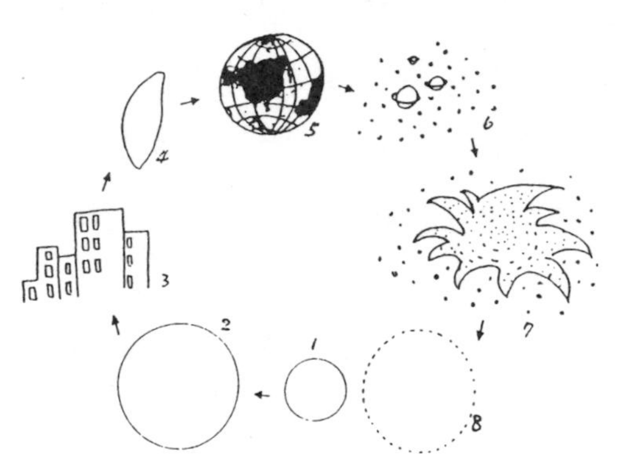

・月輪的廣觀

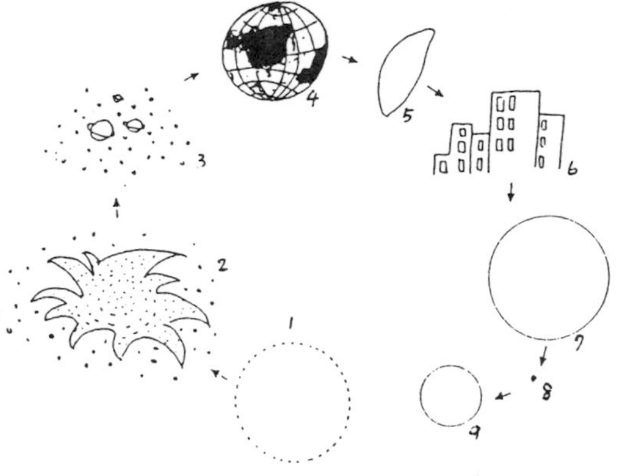

・月輪的斂觀

前一尺大小，再收攝還回到最初觀想的月輪。

接著，再繼續收攝變小，八寸、六寸、四寸、三寸、二寸、一寸、再來越來越小，繼續變小像明空赤裸的點，最為甚深秘密本然寂照的唯一不可思議的明點，然後現前頓然空寂消失了，現前還為本然。這是斂觀的修法。

‧練習「月輪觀」的注意事項

我們練習此法時，要注意一個現象：如果修到最後時，月輪仍有圓周的存在，而不是遠離方圓，這表示心中還有障礙，有相對立的障礙。所以當我們的我執徹底消除之時，此時就會跳脫出方圓的對立，當一切執著障礙消失的時候，方圓的對立便自然的消失。

另一個可能會遇到的情形是：擴展月輪時如果遇到無法繼續開展變大的問題，這時應該檢討自己的發心，如果發心太小，就會產生此種障礙，使月輪無法擴展。

所以心亦名為「心地」，我們常說心地廣大猶如虛空，如果心地不夠廣大，是無法開展的。

要消除這樣的障礙，最直接的方法。就是發起廣大的生命願景，了知空性，如此才能觀空如幻。

在光明方面，如果很清淨但是不夠圓潤、有力，這表示悲心不夠具足，此時我們要生起懺悔的心。

還有在修觀時如果月輪產生迷濛的現象，此時我們的心要不斷地研磨、澄淨來觀此法門，然後月輪愈來愈清淨，然後自然現前，甚至很清楚地跳出來。如此觀察，我們所修持的月輪觀才能如實。

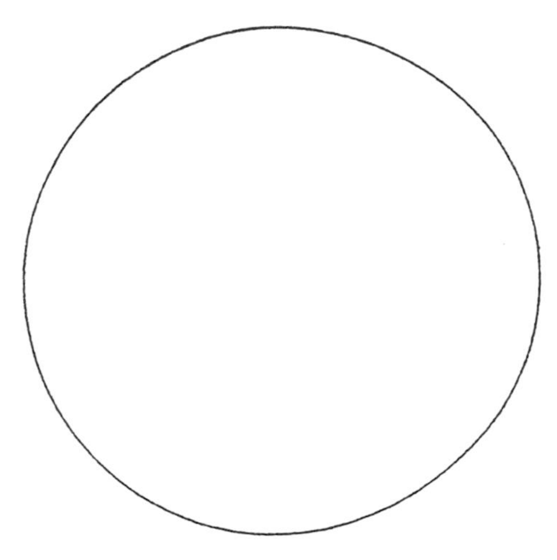

月亮代表我的心，
要觀得廣大清楚
才好！

練習這個方法，能夠清淨我們心中的煩惱無明，讓我們如實了知自心，讓我們的心如同大日如來的心一般。

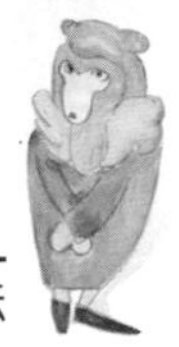

福慧雙全的秘法

如果最近常常遇到倒霉的事情，恐怕要累積福德了，練習以下的方法，不僅可以積聚福德、資源，還可以增加自己的智慧。這方法即是大日如來的種子字修法。

大日如來的種子字是阿𑖀字，阿字就像大日如來的CIS，是大日如來的表徵，所以這阿字種子字等同本尊。

當我們透過與阿字本尊的身體、語言、心意三密相應，能夠轉化我們自身為本不生的阿字。修習此方法是直接與大日如來相應的方法，透過這個方法可以直接承受大日如來的加持與守護。

練習的方法十分的簡易，但是意趣卻十分的深遠，因為這是大日如來自內證的無上境界。如果我們能夠徹底實踐時，就自然能夠得到大日來加時，而成就圓滿的生命境界。

這個方法就是阿字觀是觀想印度悉曇字𑖀（a，阿）字的修行方法。

在悉曇字當中，阿𑖀字是五十字中的第一字。所以，密教視這個字為眾聲之母、眾字之母，並認為一切教法都是由阿字所出生。

因此，在《大日經》當中稱之為「真言王」或「一切真言心」，可見對「阿」字的重視程度。

另外，密教稱「阿」字是一切語言、文字的根本，含有不生、空及有等多種意義，其中最重要的是「不生」之意。

由此而稱阿字是萬法的根本來源，密教將

胎藏界的阿字圖像

金剛界的阿字圖像

宇宙萬象都歸於阿字之中，認為一切事物，就體性而言是本來不生不滅的。

所以阿字觀，顧名思義就是觀想阿字，以證得諸法本不生之理，開顯自心大日如來佛性的菩提心觀。

因此，如果我們能純熟的修習這個方法，就能成就無量的福德智慧，使本具的無上菩提心蓮自然開放，證得如同大日如來的境界。

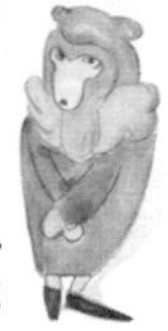

增長健康壽命的秘法

如果我們想祈求自己更健康與長壽，我們可以練習大日如來的阿字音聲法。

阿字音聲法

當我們身體疲累時，練習以下的方法可以使我們的精神體力迅速回復；如果心情很浮躁，沒辦法靜下來做事，練習這個方法，能夠使我們的精神較易集中；如果能夠常常練習，不僅壽命會增長，還能夠成就世間與出世間的福份與資源。

所以此方法如果能擇一靜處，靜坐時專心來練習，是再好不過了，但是也可不拘時間、場合，隨時隨地都可練習。

1. 首先我們的身心放鬆的坐好。

2. 我們耳朵所聽到的一切音聲都是阿字聲。

3. 開始是耳中所聽到的都是阿字聲，然後阿字聲遍滿全身，所有的身心全部都化為阿字聲。

4. 漸漸地整個身心都消失了。

5. 整個法界只剩下阿字聲。

6. 在長阿聲中，所有煩惱都消失了，任何的對待分別都沒有了，就安住於這長阿聲中。

出定時眼睛慢慢睜開。

這個阿字聲的修法，修持到最後時，我們的身心、呼吸一切都是阿字聲，每個細胞、整個身心至法界都是阿字聲。

做了以上的練習，是否有感覺阿字在氣脈

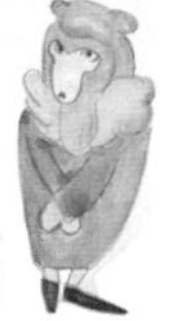

1. 安住毘盧遮那七支坐法

2. 耳朵聽到一切的音聲都是阿字聲

3. 全部身心都化為阿字聲

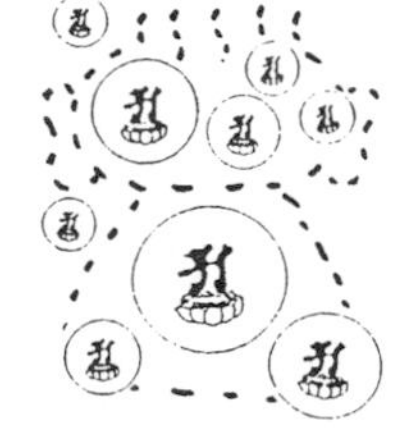

4. 漸漸地，身心都消失了

5. 整個法界只剩下阿字聲

6. 安住在長阿聲中

阿字音聲法

中遊走呢？有人在做此練習時，手腳的支分有渾厚的感覺，心中也感覺很渾厚，這是因為阿𑖀字也是五大元素中的地大，代表地輪，地大的種子字即是阿𑖀字。地大在我們身體中所代表的是肌肉骨骼的部份，所以，練習這個方法會讓我們的身體更健康。

特別是當我們的身體出現障礙、疾病時，在患病的部位觀想阿𑖀字，阿字音波震動光明照耀，能對病情的平復有所幫助；但是要注意身體有疾病仍須就醫，如果再加上觀想修法，更能幫助健康的恢復。

這些方法，無論世出世間都可適用，而且可以修至圓滿果地，我們只要精勤修持，定會得到許多意想不到的利益與受用。

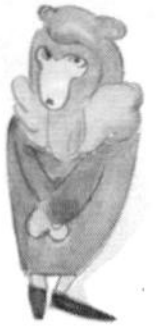

在患病的部位觀想阿字

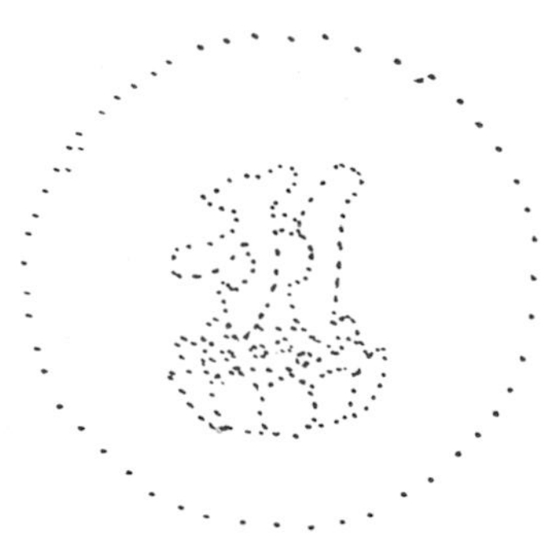

阿字音為震動、光明、照耀

深入了知自心的秘法

我們練習了大日如來「阿字觀」很多的方法，在精純熟練後，我們將會體悟到身外所觀想的阿字本尊，就是我們自心的影像。所以，透過以下的方法，我們可以深入了解自心。而當我們能深入了解自心時，一切的煩惱、個性上的不足自然無所遁形。

一般我們都是藉由觀察自己的心念動作來了解自心，而以下的方法則能直接讓我們了解自心，方法很奇妙也很簡單。現在我們開始練習。

這時，我們不再觀想外在阿字圖像的本尊，而直觀我們心中本具的阿字、蓮花、月

輪。

這方法是將已觀成的虛空法界阿字，直接引入自心之中。

1. 我們觀想在我們的胸懷間，豁然現起了圓滿的體性月輪，這月輪就如同在無雲晴空中的圓滿秋月一般的皎潔明亮。

2. 接著，觀想月輪上現起了八瓣白色盛開的蓮花。

3. 殊妙花臺座上現起了無生的金色阿 𑖀 字，阿字如水晶一般通透明亮。

請將每一步驟都觀想清楚，如果可以儘可能觀想成立體形狀。

如果我們由上方往心輪的方向俯瞰：盛開的蓮花，中心是平坦的蓮台，而一金色的阿字立在蓮台上，正面朝外。

方法很簡單，我們有空就練習，慢慢地就

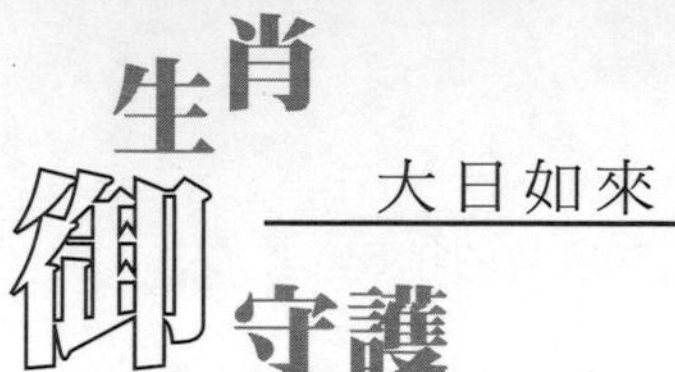

能深入了解自心，真正見到自心了。

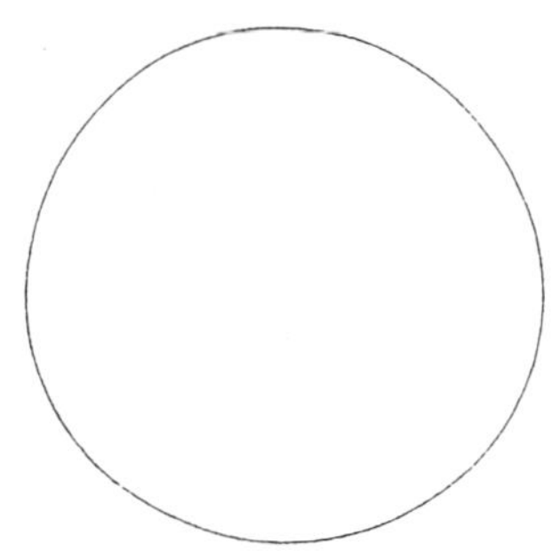

1. 胸懷間豁然現起圓滿的體性月輪

2. 月輪上現起八瓣白色盛開的蓮花

3. 蓮花臺上現起無生的金色阿字

求取甚深智慧的秘法

我們的生命習慣，一向是向外尋求智慧，大日如來求取智慧的秘法則不向外求，反而是思惟我們一直以來練習的「阿」字，透過阿字的思惟觀察，達到獲得真實智慧的境界。

阿字的真實現象

我們如實思惟、觀察、觀想阿字的妙義，阿字是法爾一切本不生。

「一切諸法不生」是阿字的實相的意義，是法性的意義，是取自我們剛出生時開口的第一個聲音「阿」的緣起之義，從緣起義迴繞至法性義；所以阿字在緣起到法性二種意義全部

具足。

在各個經典中，對阿字義有各種不同的解釋。

阿字有三個意義：空、有、不生三種。「空」是森羅萬法都無自性，是全空，依於因緣而一一現起；萬法明明朗朗現起是「有」，但其實都是隨著因緣變化而生起，所以「空」、「有」一體*。

當我們在胸懷間觀想阿字時，就體解這阿字是要具足空、有、不生三義，具足這三個意義就是名為大日如來法身。

—— 解說 ——

・這「空有一體」也就是空海大師所說的：「常住義，是不生不滅，假有全空。」

空海大師這種說法也是依止天台智者大師所說的空、假、中三觀。所以「常住」則「不生不滅」，是名為阿字大空當體極理。

阿字的義理思維

當我們思惟阿字的義理時，也就是在觀察大日如來法身。基本上，義理的思惟也是一種念佛三昧的方法。

阿字的義理相當多，在中國，「阿字觀」的修法幾乎都已經消失了。反而在日本，阿字觀的修法發展甚為盛行。

日本的覺鑁上人在《一期大要秘義集》中，則將阿字列出十義：一、平等義；二、無別義；三、無生死義；四、本不生義；五、無始義；六、無住義；七、無量義；八、無我義；九、無為義；十、無闇義。

阿字有三義、七義、十義、百義，乃至無量義，但總約而言，我們思惟阿字，主要是總攝其根本意旨：諸法本不生，由本不生而生幻

思惟阿字可以
擁有如同大日如來
一般的智慧

有全空，常住於中道，不生不滅，一切無可住。以此來攝持阿字無邊的意旨。

我們就阿字的義理思惟觀察，即是直接觀察大日如來，在這觀察中，我們的智慧會逐漸增長，最後成功的擁有如同大日如來一般的智慧。

解除煩惱的秘法

我們常常被自己的煩惱所困擾，甚至讓煩惱無明左右著我們的生活而不自知，我們認為自己的煩惱好像是一個表相的事情，事實上追溯煩惱的根本來源是源自於我們的心，所以如果能夠從根本下手解決，應是最好的方法了。

大日如來告訴我們這個解除煩惱無明的秘法，即是最根本解除煩惱的方法，讓我們的煩惱在練習中自然消融。

當我們修持「阿字觀」的方法純熟之時，漸漸地我們自身與阿字會成為一體不二。

到達這個境界時，我們自身即是阿字，所以這個方法是以阿字自己來觀想阿字。

也就是說我們自己是阿字，以阿字的自己來觀想阿字，以阿字來宣說阿字，而到達整個宇宙成為阿字的境界。

練習到這樣的境界，我們就證得所謂「諸法本不生」的至理，而且我們的自心會開顯清淨菩提心的妙德，將我們一般人的貪心、瞋心、愚癡等三毒的無明煩惱，自然清淨銷融。

甚至，將對於生死、涅槃與煩惱、菩提的分別執著，也自然消融，到達這樣的境界就是成就大日如來。

當然，就生命的真實現象而言，法界全體都是阿字，所以也是本不生滅，我們的體性與大日如來的體性無二無別，根本也沒有能作與所作的差別。這完全是體性法身的自在流行而已。

因此，以阿字顯示阿字的真實現象的道

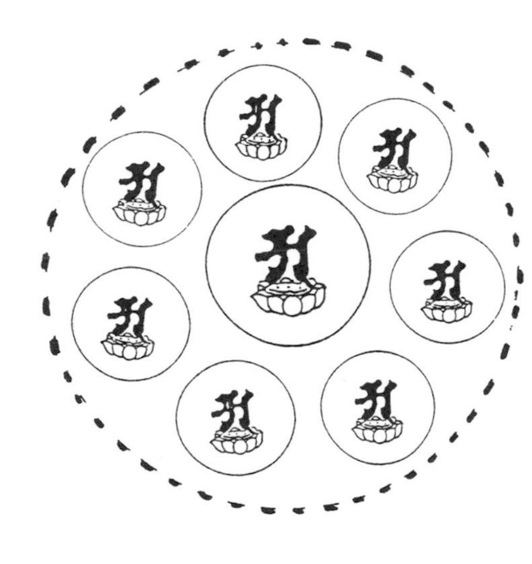

宇宙法界全部都是阿，
連煩惱都變成阿字，
何來煩惱呢？！

理，讓一切阿字入於阿字的實相，讓宇宙法界全部圓滿為阿字，一切大眾同證大日如來的果德境界。

練習這個方法讓我們的無明煩惱也都變成了阿字，所以一切都是阿字，何來的無明煩惱！

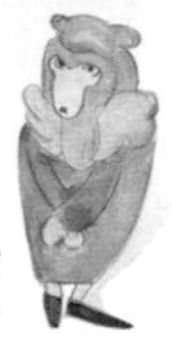

滅除一切罪業的秘法

在我們的生命中，多多少少都犯下一些錯誤，或是小小的罪業，或作下影響重大的罪業，這些罪業在我們心中烙下很深難以磨滅的烙痕，而大日如來的「五輪塔觀」的方法，卻可以滅除我們過去所犯下的一切罪業，真是感謝大日如來留下這樣的方法。

我們開始練習以下的方法，將自己的罪業滅除。

五輪塔觀

五輪塔觀是以五字來莊嚴自身，是觀想自身等同大日如來的方法。所謂的五字是地、

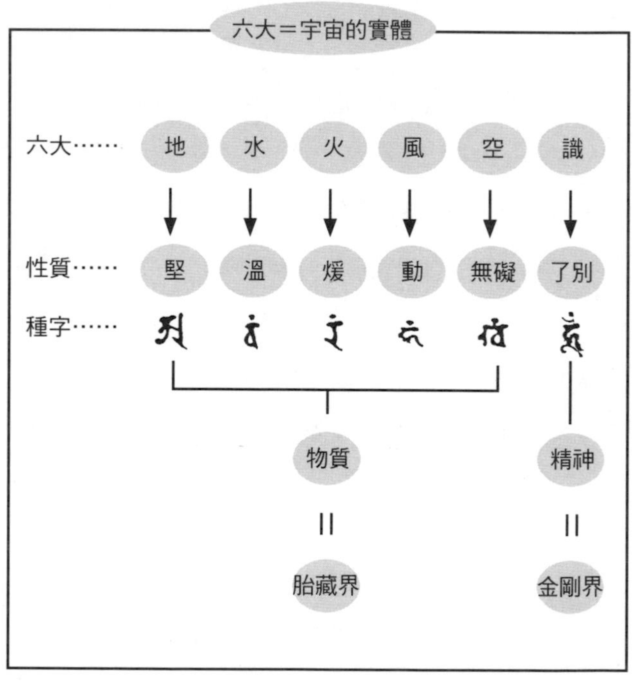
大日如來
六大＝宇宙的實體
六大……
地
水
火
風
空
識
性質……
堅
溫
煖
動
無礙
了別
種字……
物質
＝
胎藏界
精神
＝
金剛界

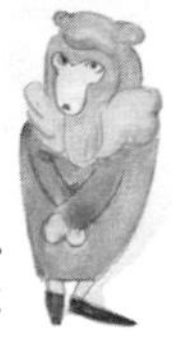

水、火、風、空五大，在梵字中即是：阿𑖀、鑁𑖪𑖽、囕𑖨𑖽、唅𑖮𑖽、佉𑖏𑖽，所以又稱為五字嚴身觀。

另一個名稱是六大相應瑜伽法，是現觀六大瑜伽成就的修法。六大瑜伽是除了原來的五大（地、水、火、風、空）外，再加上識大，於是成為六大瑜伽觀。

五輪塔觀是胎藏界中最主要的基本觀法，而金剛界以五相成身觀為主要觀法，這二個方法可說是密法修行人想修行成就的必要法門。現在則介紹給生肖猴的朋友，讓我們共同創造自己的新生命。

五輪塔觀基本上是以阿字觀和月輪觀為根本，所繼續發展出的禪觀。

這個方法是從大智海毘盧遮那佛的體性中所流出來的，觀察自身真相所顯為地、水、火、風、空五大，而依「識大」來現觀、來了知。

識大就是我們現觀五大的能夠觀的心，而我們所觀照的對象五大，就是法界構成的質素。當這六大（五大加上識大）能常常相應，我們自身即現前成就五輪塔，也是圓滿了大日如來法身。

所以這方法與我們自身有很密切的關係，內五大元素（自己的身體）與法界的外五大元素是等同一樣。

我們身體的地、水、火、風、空，與外界的地、水、火、風、空相應，是外世界與內世界的統一。

五輪塔觀的修法，會讓我們了解自身現前的五大，與外界的五大其實是等同一樣。

現在，如果我們已經有了前面的「月輪

我們的身體是地、
水、火、風、空等
五種質素所組成的
五輪塔。

觀」與「阿字觀」的練習基礎，能使「五輪塔觀」的練習更加鞏固，因為前面的方法是修學「五輪塔觀」的重要基礎觀法。

「五輪塔觀」是我們觀樣自身為地、水、火、風、空等五輪塔的樣子。

五輪塔即代表大日如來，所以我們觀想自己的身體是五輪塔，也就是我們自己與大日如來沒有差別。

在修法前，首先依止皈命守護我們御守護：大日如來。

可以先合掌唸三次：皈命　南無大日如來

・清淨一切的方法

在練習主要步驟之前，要先練習「淨法界三摩地」——嚂字觀，這步驟就是先將一切清淨。

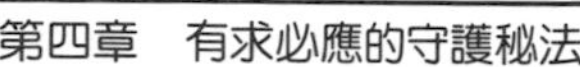

首先在自己的心月輪中觀想淨明赤色的嚂字，嚂字將一切完全清淨。

然後觀想在頭頂上的十字縫處（頂上八指處）現起嚂字，嚂字火焰熾然，由上往下焚燒全身，將我們身體全部燒盡包括骨髓、所有的內臟等，全部都燒盡。

燒盡之後，再從眼睛、耳朵、鼻子、舌頭、身體的每一個毛孔都流出火焰，整個身體完全清淨。

再從腳往下燒，燒遍一切地輪，整個外在的一切都全部變成清淨。

此法練習成就就是所謂的淨法界三摩地成就。

・練習五輪塔觀

接著我們將「阿」字布於下身，我們練習

金剛地輪觀。如果我們盤腿坐著練習時，則觀想自身臍下到腿部的部分為黃色，形狀是方形的立方體，在這立方體中間，也就是地輪中間是阿 𑖀 字明朗現前。

「鑁」字布於臍上到胸懷之間，大約是腹部的位置，形狀是圓形。腹部是大悲水輪觀，水輪如聚霧的九重月輪，中間鑁 𑖪𑖽 字的顏色是像雪乳的白色貝殼。

「囕」字布於心間，也就是胸部，為底部四角形的立體三角椎體，心輪囕 𑖨𑖽 字，如初日的光暉。

「唅」字布於眉間，半圓球形，風輪深青色，中間唅 𑖮𑖽 字是黑的晶亮的深玄色。

「佉」字布於頂輪，佉 𑖏𑖽 字空輪，空輪我們可以觀想成一切色，或是如同無雲晴空之藍色。其形狀為寶形。

1. 自心月輪中觀想嚂字，嚂字清淨五蘊

2. 頂上八指處現起嚂字

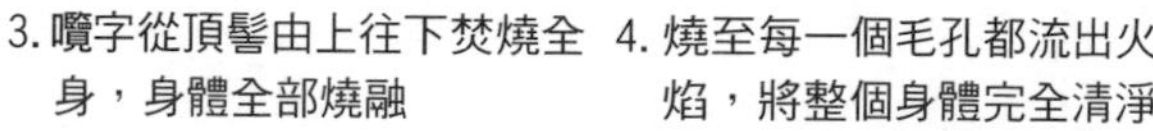

3. 嚂字從頂髻由上往下焚燒全身，身體全部燒融

4. 燒至每一個毛孔都流出火焰，將整個身體完全清淨

於是我們的身體就構成了法界自身的地、水、火、風、空等五輪。

我們自己身體的五大是一個五輪塔，內五大指我們的體身，與外五大等同一如。

我們如果能時常觀照自體即是五輪塔，其實是最幸福光明的事了。

開始時，我們在寂靜的時候觀修，直至練習純熟時，慢慢地我們能夠於行、住、坐、臥當中，現觀自己是五輪塔。如此一來，我們不只會感覺到身心愈來愈輕利自在、健康無病，而且與法界同體的覺受也會宛然現起，定力、智慧、悲心，也自然而然的增長了。

如此練習，不僅能滅除一切罪業，連天魔也無法加以障礙。這時，由於大如來所加持，我們逐漸能體悟大日如來與我們自身沒有差別，終究成就圓滿的生命。

平常觀想身體是五
輪塔，感覺身體愈
來愈好。

求得莊嚴身相的秘法

如果我們覺得自己長得不夠端正等等，這些自身的天生條件，一般來講，似乎很難改變；但是透過以下的方法，可以求得如同大日如來一般的莊嚴身相，只要勤加練習，並真實體悟其中的意旨，我們有機會在這輩子，就能長得如同大日如來一樣的相好莊嚴。

這個方法稱為「五相成身觀」。

五相成身觀是密法中金剛界的根本大法。透過五項次第的修行，從觀想月輪、蓮花、種子字到成證本尊身的過程，能讓我們具足本尊的成就，成證圓滿的佛身。

其實在密法中，如果不能體悟五相成身的

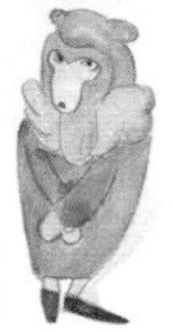

內在理趣，並如理的修習，是無法通達真言密教及金剛乘的秘要，可見這個方法在密教的重要性。

練習這個方法的基礎，我們最好有一顆放鬆而柔軟的心，就佛法的立場而言，是建立在無上菩提心上。

但是這個方法不只讓我們真實體悟無上菩提心的要旨，更能迅捷的修練菩提心，讓菩提心成為金剛不壞的三摩地菩提心，依此而迅疾成就圓滿莊嚴理想的身相。

五相成身觀透過：1. 通達菩提心，2. 修菩提心，3. 成金剛心，4. 證金剛身，5. 圓滿佛身等五個次第，而成就圓滿的理想身相。

在這過程中，從心到身，透過菩提心的通達與調鍊，而同證無比圓滿的自性金剛心，並以此金剛心來調練我們父母所生身，即身成就

通達菩提心 觀察自心中現起一肘大的圓明月輪

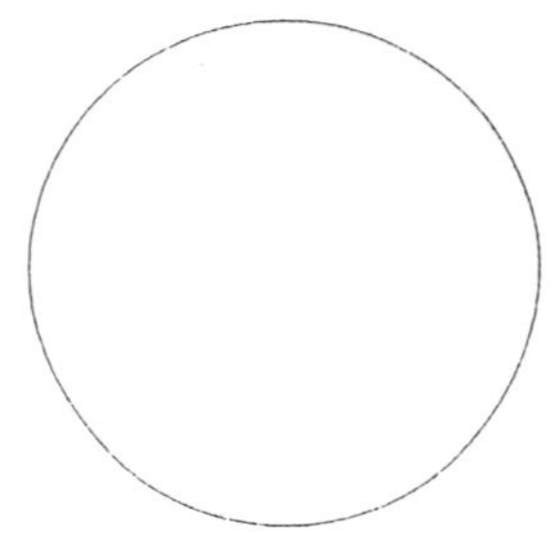

修菩提心 月輪清淨皎潔無有雲翳

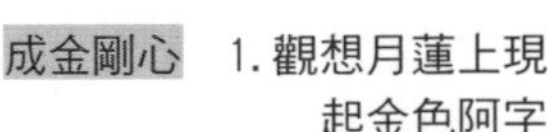

成金剛心 1.觀想月蓮上現起金色阿字

成金剛心 2.觀想無生阿字轉成五股金剛杵

證金剛身　月輪、金剛杵轉成金剛薩埵（東密）

圓滿佛身　轉為頂戴五智寶冠的毘盧遮那佛

佛道，而圓滿佛身。這真是感恩、歡悅、清涼、喜悟的修行過程。

在一層一層的撥除根本不曾存在的無明煩惱的雜染，再仔細的檢查從來不曾失去的清淨菩提心時，我們豁然還得本心；也發覺、體悟自心是本然不壞的金剛，金剛心豁然不增不減，不垢不淨、不得不失的法爾現前，原來我們的心即是金剛薩埵，也就是金剛之心。

當現成體悟我們的身心是現成的金剛薩埵，就如同《金剛頂經》中所說：「金剛加金剛」，就如同水加於水一樣，豁然同體。這種喜悅，應該是如來之喜吧！

現在的佛身圓滿，是本來如是的即身成佛。這時法界即是現成的金剛界，法界一切的眾生，也即是圓滿的金剛，是現前的大日如來。

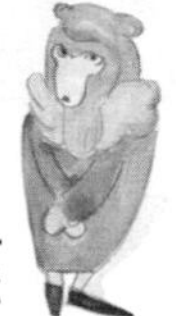

這方法雖然非常的密教，但是方法並不複雜，我們可以直接參考本節中的直接以圖來表現方法的步驟，只要依方法觀想練習，慢慢地也可以如願，將自己的身相改變，而越來越顯得莊嚴。

特別日子的加強守護

屬於大日如來的日子

生肖猴的朋友受到大日如來的守護，因此在屬於大日如來的特別日子裡，我們可以作一些特別的事，來加強我們與大日如來的聯繫。如在「三十日佛」中，大日如來是配置在每月的二十八日。「三十日佛」是中國五代的一位禪師，將一個月配三十尊佛菩薩的名號，來供念誦之用。

因此，在每月二十八日，我們可以計畫舉行活動，來感謝大日如來對我們的守護。

除了可以在這一天買一些供品拜拜，我們

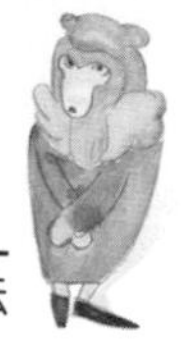

在這一天可以多多誦念大日如來的咒語，或練習各種大日如來的觀想方法，讓自己如同大日如來一般在這一天新生，給自己一個大日如來的新生命，使自己的所有行為、音聲、心意都與大日如來緊密的結合，自然能得到大日如來慈悲的親切守護。

在這樣特別的日子裡修法，更具有意義。

自己的生日

在長尾巴的日子裡，除了吃蛋糕的生日Party外，我們可以修習大日如來的法門，再將修習的功德迴向給養育我們的父母，這是感謝父母的最好方法。

也就是在生日這一天修法完畢之後，雙手合掌默念：祈願將這一次的修法功德迴向給父母，希望他們長壽健康，福慧增長，也能夠受到大日如來的加持守護。

將自己的祈願在這時說出，然後觀想大日如來很高興的答應自己的請求。

親人朋友生病的日子

當我們周遭的親人或是朋友生病時，心情總是憂愁悲悽的，總是希望自己能為他們做些什麼。除了必要的醫療看護工作外，我們可以特別為他們修法。也就是將自己誦念真言或抄經等等的功德，迴向給病人，祈願大日如來加持守護某某早日健康、身心吉祥安樂，並觀想大日如來在病人的頭上放光加持，病人非常的喜悅、身心充滿能量。

我們幫病人修法，病人也會因為我們的修法而身心感覺比較舒適與輕安。

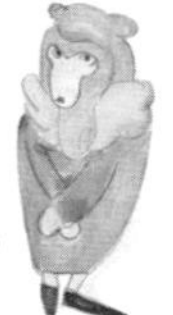

三十日佛中的
二十八日，是大日
如來的日子。

廿八日
大日
白色

實用御守護

將大日如來的法相隨身攜帶，當心情不好或是遇到難題無法解決時，就可以對大日如來的法相，訴說自己的心情與難處，思索大日如來正加持著自己，讓我們的煩惱癥結變得比較清楚浮現，能夠清楚的看出問題所在，如此一來，我們的心就慢慢的開了，能夠用更寬廣的角度與心態面對問題，無形中問題便迎刃而解。

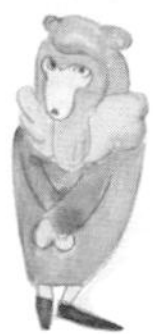

百年生肖御守護

千手觀音	虛空藏菩薩		文殊菩薩	普賢菩薩		大勢至菩薩	大日如來		不動明王	阿彌陀佛	
鼠	牛	虎	兔	龍	蛇	馬	羊	猴	雞	狗	豬
1900	1901	1902	1903	1904	1905	1906	1907	1908	1909	1910	1911
1912	1913	1914	1915	1916	1917	1918	1919	1920	1921	1922	1923
1924	1925	1926	1927	1928	1929	1930	1931	1932	1933	1934	1935
1936	1937	1938	1939	1940	1941	1942	1943	1944	1945	1946	1947
1948	1949	1950	1951	1952	1953	1954	1955	1956	1957	1958	1959
1960	1961	1962	1963	1964	1965	1966	1967	1968	1969	1970	1971
1972	1973	1974	1975	1976	1977	1978	1979	1980	1981	1982	1983
1984	1985	1986	1987	1988	1989	1990	1991	1992	1993	1994	1995
1996	1997	1998	1999	2000	2001	2002	2003	2004	2005	2006	2007
2008	2009	2010	2011	2012	2013	2014	2015	2016	2017	2018	2019

感謝大日如來的守護

廣大的遍照光明　是每一位眾生的心

無上的大智慧海　是每一位眾生的意念

感謝如來守護生肖猴者

南無　大日如來

讓我們合掌共相一如的遍照成就

南無　大日如來　現成的法界

大日如來……

普願法界呈祥

修持計數表

十二生肖御守護香

珍貴沉香結合聖地加持，隨香附贈供香滿願秘法

俗語說，有福報的人是「上輩子燒好香」，用專屬的生肖御守護香供養，諸佛菩薩、龍天護法歡喜，燒好香Ubobi，增福又轉運，所求願滿！

以珍貴稀有的越南頂級沉木為主原料

沈香的原料沉木，是吸收了整個大地的精華所形成的。

沈香木在生長時，並不稱為「沈木」，而是在樹身受傷後，經過漫長的歲月，形成「樹脂瘤」，埋藏在沼澤之中，經由浸蝕，木頭開始腐朽，經過很長的一段時間，木質部分因腐朽而去除，只剩下單純的樹脂瘤，才叫做「沈」。而沉木的品質又因產地而異。十二生肖御守護香以頂級的越南沉為主原料，精製而成。

內含八大聖地加持物不可思議的加持

十二生肖御守護香系列，除了以特級越南沉香為主原料之外，更加入佛陀八大聖地及舍利子等密意加持物，力量不可思議。每種生肖御守護香並附供香祈請滿願秘法。

時機使用

- 供佛祈願：每日供佛，誠心祈願，所求圓滿。
- 坐禪讀經：坐禪讀經燃香，安定身心，智慧清明。
- 出差旅遊：於旅館燃香，清淨住處，平安守護。
- 親友聚會：親友聚會，燃點此香，眷屬和樂。
- 品茗花道：茶道、花道配合心香嫋嫋，意境幽遠，提昇心靈。
- 清淨護身：醫院探病、出入喪葬場合，去前、歸家，薰香護身。
- 安神收驚：小兒受驚，燃香薰身，安神好眠。
- 臨終守護：從臨終至七七期間，為亡者燃香祝願，守護其平安往生淨土，蓮品增上。

生肖御守護09

猴生肖守護者——大日如來

編著：五　明

發行人：黃紫婕

責任編輯：吳霈媜　劉詠沛

美術設計：Mindy

插畫：德　童

出版者：普月文化有限公司

台北市松江路69巷10號5F

永久聯絡地址：台北郵政26-341號信箱

電話：(02) 2503-3006

傳真：(02) 2508-1733

郵政劃撥：18369144　普月文化有限公司

行銷代理：紅螞蟻圖書有限公司

台北市內湖區舊宗路二段121巷28之32號4樓

電話：(02) 2795-3656　　傳真：(02) 2795-4100

定價：150元

初版：2007年1月